_____ 님께

성실과 지혜에 감사드리며,
이 책을 작은 마음으로 전합니다.

_____ 드림

신방수 세무사의
고소득자를 위한
절세·법인·승계 전략

이 책의 출판권은 ㈜두드림미디어에 있습니다.
저작권법에 의해 보호받는 저작물이므로 무단 전재와 복제를 금합니다.

# 신방수 세무사의 고소득자를 위한 절세·법인·승계 전략

신방수 지음

상위 10% 고소득자의 절세부터 법인 운영·승계까지,
이 한 권으로 끝낸다

두드림미디어

## 머리말

"소득은 늘어나는데, 왜 세금은 더 빠져나갈까?"

한국에서 고소득자로 살아간다는 것은 단순히 많은 수익을 올리는 것을 넘어, 세무·자금관리·가업 승계까지 고려해야 하는 복합적 도전입니다. 하지만 많은 고소득자들이 전략 없이 판단하다가 매년 세금 부담과 자산관리 실패를 경험하기도 합니다. 물론 세무 전문가의 도움을 받지만, 각자의 상황이 다르기에 뚜렷한 해결책을 찾기가 쉽지 않습니다.

이 책은 25년 이상의 세무 실무 경험을 바탕으로, 사업자 등 고소득자가 직면하는 세금과 재무 문제를 실무적 관점에서 해결할 수 있는 구체적 방법을 제시합니다. 단순히 세법을 나열하는 것이 아니라, 실제 사례와 계산, 전략까지 포함해 바로 적용 가능한 가이드로 구성했습니다.

책은 크게 9장으로 구성되어 있습니다.
- 제1장 : 고소득자의 세금 고민과 문제 해결책
- 제2장 : 소득세 절세, 핵심 법칙 9가지
- 제3장 : 필요경비 활용으로 소득세 부담 줄이기
- 제4장 : 자산으로 비용을 만들고 세금을 줄인다
- 제5장 : 공동사업 운영과 세금 절감 전략

- 제6장 : 법인을 활용한 세금 및 자산관리 방법
- 제7장 : 개인(직장인 포함) vs 법인의 자금관리법
- 제8장 : 고소득 사업자 vs 법인의 세무 조사 대책
- 제9장 : 고소득 사업자 vs 법인의 가업 승계 전략

각 장에는 '절세 탐구' 코너를 마련해 본문에서 다루지 못한 부분까지 보완하고, 독자들이 더욱 깊이 있는 이해를 얻도록 구성했습니다. 이 책을 통해 다양하게 발생하는 세금 부담을 최소화하고 자산을 효율적으로 관리하며, 안정적인 가업 승계를 준비하는 방법을 찾아보시기를 바랍니다.

이 책은 주로 고소득 사업자들이 보면 좋을 내용이 많습니다만, 고소득 직장인이나 금융부자 등도 볼 수 있도록 군데군데 관련 내용을 첨가했습니다. 직장인 중 가족들이 사업할 수도 있고, 본인 또한 언젠가는 예비사업자가 될 수도 있기 때문입니다. 물론 직장인 중 부업소득이 있는 경우 당장 법인을 세울 수도 있을 것입니다.

마지막으로, 책 내용의 오류와 개선 방향을 함께 고민해주신 동료 세무사님들께 감사드립니다. 또한, 항상 저자를 응원해주신 카페회원들과 가족의 안녕을 위해 기도하는 아내 배순자, 그리고 젊은 날 자신의 길을 개척하는 두 딸 하영과 주영에게도 감사의 마음을 전합니다.

독자 여러분의 건승을 기원합니다.

역삼동 사무실에서
신방수세무사

머리말 … 6
일러두기 … 12

## 제1장 고소득자의 세금 고민과 문제 해결책

고소득자, 그는 누구인가? … 14
고소득자의 세금 고민 … 19
개인의 소득세가 많은 이유 … 22
개인의 소득세를 줄이는 대안들 … 26
무리한 절세 뒤에 뒤따르는 세무 조사 … 30
**절세 탐구** 고소득자가 알아야 할 세목별 세무 환경 … 34

## 제2장 소득세 절세, 9가지 핵심 법칙

소득세 절세법 1 : 소득의 종류별로 과세 원리를 이해하라 … 38
소득세 절세법 2 : 종합소득세 계산 절차를 이해하라 … 42
소득세 절세법 3 : 나에게 맞는 적정 세금부터 확인하라 … 47
소득세 절세법 4 : 필요경비를 늘려라 … 51
소득세 절세법 5 : 소득공제를 많이 받아라 … 55
소득세 절세법 6 : 세액공제는 무조건 받아라 … 59
소득세 절세법 7 : 세액감면도 챙겨라 … 64

소득세 절세법 8 : 사업자는 신고 방법에 유의하라 … 68
소득세 절세법 9 : 4대 보험료도 제대로 파악하라 … 73
**절세 탐구** 고소득 직장인 및 사업자의 연금상품과 절세 효과 … 77

## 제3장 필요경비 활용으로 소득세 부담 줄이기

필요경비를 장부에 반영하는 기준 … 84
국세청이 인정하지 않는 필요경비 3가지 … 89
인건비와 관련해 점검해야 할 것들 … 93
성과급 대 퇴직연금의 결정 … 97
근로자에 대한 네트급여 신고와 쟁점 … 101
복리후생비의 범위(출산지원금 포함) … 105
사내근로복지기금 경비 처리 분석 … 110
사업자의 접대비 활용법 … 114
국내외 교육훈련비와 경비 처리법 … 118
감가상각비 활용법 … 121
이자 비용 처리법 … 126
**절세 탐구** 고소득자(직장인 포함)와 법인의 신용카드 사용법 … 130

## 제4장 자산으로 비용을 만들고 세금을 줄인다

자산과 필요경비의 함수관계 … 134
사업장 임차료 비용 처리법 … 139
업무용 승용차 관련 비용 처리법 … 144
상품권 비용 처리법 … 149
사택(주거용) 비용 처리법 … 153
기업부설 연구소비용 처리법과 세제 지원 … 158
**절세 탐구** 소득 분산이 절세의 핵심인 이유 … 162

## 제5장 공동사업 운영과 세금 절감 전략

공동사업과 세무상 쟁점 … 168
공동사업자의 비용 처리법 … 172
공동사업자의 이자 비용 처리법 … 176
공동사업 소득금액 배분 및 소득세 신고법 … 179
공동사업자의 지분 양도와 세금 처리법 … 183
**절세 탐구** 고소득 부부 유형별 절세 전략 … 187

## 제6장 법인을 활용한 세금 및 자산관리 방법

최근 법인 설립이 많아지는 이유 … 190
1인 또는 가족법인의 장점 1 : 소득세를 줄여준다 … 193
1인 또는 가족법인의 장점 2 : 건보료를 줄여준다 … 197
1인 또는 가족법인의 장점 3 : 가업 승계 등 기타 세금에도 강하다 … 200
1인 또는 가족법인의 장점 4 : 노후 대비에 강하다 … 204
1인 또는 가족법인의 장점 5 : 부업소득 관리에 강하다 … 208
그러나 주의해야 할 1인 또는 가족법인 … 214
**절세 탐구 1** 1인 법인 vs 가족법인의 비교·선택 … 218
**절세 탐구 2** 법인전환 절차의 핵심 … 223

## 제7장 개인(직장인 포함) vs 법인의 자금관리법

개인 vs 법인의 자금거래와 세무상 쟁점 … 228
사업자와 법인의 자금운영과 세무상 쟁점 비교 … 231
고소득 직장인의 자금관리법 … 235
고소득 사업자의 자금관리법 … 239
법인의 자금관리법 … 244
**절세 탐구** 고소득자가 주의해야 하는 금융거래 관련 제도들 … 249

## 제 8 장 고소득 사업자 vs 법인의 세무 조사 대책

고소득 사업자의 세무 조사 대응법 … 254
1인 또는 가족법인에 대한 세무 조사 대책 … 259
고소득 사업자 통합조사 대책(특수관계 법인 포함) … 265
**절세 탐구** 프리랜서가 세무 조사 위험을 낮추는 방법 … 268

## 제 9 장 고소득 사업자 vs 법인의 가업 승계 전략

사업체 대물림과 세무상 쟁점 … 276
사업체 대물림과 세제 지원책 … 280
가업상속공제의 모든 것 … 284
개인사업자의 실전 가업 승계 전략 … 291
법인의 실전 가업 승계 전략 1 : 기존 법인의 경우 … 296
법인의 실전 가업 승계 전략 2 : 신설 법인의 경우 … 301
법인의 실전 가업 승계 전략 3 : 법인으로 전환한 경우 … 305
**절세 탐구** 가업 승계 시 업종 요건 및 피상속인의 주식 보유 요건과 세무상 쟁점 … 311

## • 일러두기 •

이 책을 읽을 때는 다음 사항에 주의하시기 바랍니다.

### 1 개정세법의 확인

이 책은 2025년 11월 중순에 적용되고 있는 세법을 기준으로 집필되었습니다. 실무에 적용 시에는 그 당시에 적용되고 있는 세법을 확인하는 것이 좋습니다. 세법 개정이 수시로 일어나기 때문입니다.

### 2 용어의 사용

이 책은 다음과 같이 용어를 사용하고 있습니다.

- 상속세 및 증여세법(시행령) ▶ 상증세법(상증세법 시행령)
- 조세특례제한법 ▶ 조특법
- 건강보험료 ▶ 건보료
- 수도권 과밀억제권역 ▶ 과밀억제권

### 3 세무 등 관련 법률정보

- 세법과 상법 등은 법제처 홈페이지, 세법 관련 예규 등은 국세법령정보시스템 홈페이지를 참조하시기 바랍니다.
- 국민연금과 건강보험 등에 대한 정보는 각 관할 공단의 홈페이지를 참조하시기 바랍니다.
- 매년 7월 중에 발표된 세법 개정안과 정부의 세제 정책에 대한 분석정보 그리고 각종 세금 계산기 등은 저자의 카페에서 제공하고 있습니다.

### 4 책 내용 및 세무 상담 등에 대한 문의

책 표지의 안 날개 하단을 참조하시기 바랍니다. 특히 세무 상담은 저자의 카페에서 자유롭게 할 수 있으니 잘 활용하시기 바랍니다.

제 **1** 장

# 고소득자의 세금 고민과 문제 해결책

# 고소득자, 그는 누구인가?

한국의 고소득자들이 세금 문제로 좌불안석(坐不安席)하고 있다. 이런 저런 이유로 세금을 더 내야 하는 경우가 많기 때문이다. 실제 억대의 연봉자나 의사 등 전문직 사업자, 유튜버나 기타 프리랜서 업종 등에 종사하는 사람들이 많은 세금을 부담하고 있다. 그렇다면 구체적으로 어떤 사람들 세금 고민을 하고 있을까? 다음에서는 이 책의 독자라고 할 수 있는 고소득자는 누구인지부터 먼저 살펴보자.

### 1. 고소득자 기준

일반적으로 고소득자(또는 고소득층)란, 근로소득 또는 사업소득, 금융소득 등 일상적인 소득이 많은 사람을 말한다. 그렇다면 얼마의 소득이 되어야 고소득자라고 할 수 있을까? 이에 대한 절대적인 기준은 없으나, 대략 다음과 같은 기준에 해당하는 자가 아닐까 싶다(국세청 통계 자료 기준).

| 구분 | 고소득 기준 | 인원 | 비고 |
|---|---|---|---|
| 근로소득자 | 총급여 1억 원 이상 | 140만 명 | 2023년 기준 |
| 개인사업자 | 순소득* 1억 원 이상 | 55만 명 | 2022년 기준 |
| 금융소득자 | 금융소득 2,000만 원 초과 | 62만 명 | 2023년 기준 |

\* 수입에서 비용을 차감한 금액을 말한다.

참고로 이 책의 주요 독자인 고소득 사업자의 소득 분포는 다음과 같다(2022년 국세청 통계 자료).

- 1억 원 초과 신고자 : 약 35만 명(전체의 약 5.5%)
- 2억 원 초과 신고자 : 약 15만 명(전체의 약 2.3%)
- 5억 원 초과 신고자 : 약 5만 명(전체의 약 0.7%)
- 계 : 55만 명(전체의 약 8.5%)

여기에서 합계 인원은 55만 명이고, 합계 비율은 8.5%이므로 이를 전체 사업자 수로 환산하면 650여만 명으로 추정된다. 물론 여기서 사업자는 주로 장부를 작성하는 사업자, 추계로 신고하는 사업자(일부 프리랜서 포함)를 말한다.*

\* 보는 각도에 따라 사업자 수가 달라질 수 있으므로, 정확한 수치가 알고 싶다면 통계청과 국세청의 통계를 참조하기 바란다. 참고로 앞의 고소득 사업자군의 주요 업종은 다음과 같다.
- 전문직 사업자 : 의사, 변호사 등 전문직 사업자군
- 연예인 : 가수, 탤런트, 배우 등
- 프리랜서 : 유튜버, 강사, 인플루언서 등
- 기타 : 부동산 임대업, 벤처기업, 음식점업, 도·소매업, 제조업 등

## 2. 적용 사례

사례를 통해 위의 내용을 확인해보자.

**01** 고소득자는 소득이 높은 직장인과 사업자, 금융소득자 등을 말한다. 이들이 당면하는 세금에는 어떤 것이 있는가?

- 직장인 → 연말정산에 따른 납세 의무가 있다. 6~45%로 정산한다.
- 사업자 → 사업소득 정산에 따른 납세 의무가 있다. 6~45%로 정산한다.
- 금융소득자 → 금융소득이 2,000만 원 초과 시 종합소득세 납세 의무가 있다. 6~45%로 정산한다.

**02** 순소득이 1억 원 이상이면, 소득세는 얼마나 예상되는가? 소득공제 등은 적용하지 않고 6~45%를 적용한다.

순소득(근로자는 급여-근로소득공제, 사업자는 수입-비용) 1억 원에서 소득공제 등을 차감한 과세표준에 세율을 곱해 산출세액을 계산한다. 이 경우 예상세액은 다음과 같다.

- 소득세 예상액 : 1억 원×35%-1,544만 원(누진공제) = 1,956만 원*

  * 지방소득세(구 주민세) 10%를 추가하면 총 2,151만 원이 된다.

**03** Q2 외에 어떤 부담이 추가되는가?

근로소득과 사업소득에 대해서는 건강보험료(건보료)가 추가로 부과된다. 단, 건강보험료는 상한이 있으므로 비례적으로 증가하는 것은 아니다.

**04** 매출액이 5억 원 이상인 고소득 사업자들이 가장 주의해야 하는 제도에는 어떤 것이 있는가?

매출액이 5억 원 이상인 사업자에 대해서는 기본적으로 소득세법상 성실신고확인 제도가 적용된다. 이는 세무사 등 세무 대리인을 통해 수입과 비용을 철저히 검토하도록 하는 제도로, 세무 당국으로부터 집중 감시를 받는 등 중요성이 있다.

### 05 금융소득 종합과세를 피하는 방법은 무엇인가?

비과세 상품 등에 최대한 가입하거나, 법인을 통해 금융자산을 관리한다.*

* 법인으로 금융자산을 관리하면 종합소득세 대신 법인세로 과세된다.

### 06 직장인도 법인을 만들 수 있는가?

그렇다. 다만, 대표이사가 아닌 주주로 참여하는 것이 원칙이다.

---

**Tip 알아둬야 할 기본적인 용어**

1. 수입(=총수입, 매출액)
   사업자가 상품을 팔거나 용역(서비스)을 제공하고 받은 총수입금액을 말한다.
   예) 음식점을 운영한다면 음식 판매액 전부, 병원이라면 진료 수입 전부

2. 비용(=경비, 필요경비)
   사업수입을 올리기 위해 직접 사용한 비용을 말한다. 즉, 사업을 유지·운영하기 위해 쓰인 지출을 말한다.
   예) 원재료비, 임차료, 급여, 전기세, 소모품비, 접대비 등

3. 소득(= 순이익, 순소득)
   흔히 말하는 '사업에서 남는 돈', 즉 이익을 말한다. 이는 '수입 – 비용 = 소득'으로 계산한다.

## 4. 소득금액

'소득'과 비슷하지만, 세법상 필요경비 인정 여부 등을 따져 세법에 맞게 계산한 금액을 말한다. 즉, 소득금액은 세금 신고용으로 인정된 순이익을 말한다. 소득세 과세를 위해 필요한 개념이다.

- 소득금액 = 소득(수입 - 비용) ± 세무조정*

  * 수입이나 비용이 세법에 어긋나게 처리된 경우, 이를 세법에 맞게 조정하는 것을 말한다. 예를 들어, 접대비를 1억 원 사용해서 순이익을 줄이면, 접대비 한도 초과분을 비용 부인해 소득금액을 증가시킨다. 그 결과, 과세소득이 증가하게 된다.

# 고소득자의 세금 고민

고소득자는 연봉이나 매출 등 수입 규모가 평균 이상을 뛰어넘다 보니 일차적으로 많은 소득세에 대한 고민, 그리고 이를 둘러싼 다양한 세무 리스크 등이 겹치게 된다. 다음에서 이에 대해 정리해보고 구체적인 것들은 순차적으로 알아보자.

## 1. 고소득자의 고민

**첫째, 높은 세율에 따른 세 부담**

소득이 증가할수록 6~45%인 누진세율에 의해 세금 부담도 기하급수적으로 늘어난다. 고소득자는 본인이 벌어들인 수익에서 소득세, 지방소득세, 건보료 등을 공제한 '실제 수령액'이 기대보다 적다는 체감을 강하게 받는다.

➲ 사업자의 경우, 매출액이 많더라도 고정적인 지출과 세금 등을 제하면 남는 소득이 생각보다 적은 경우가 상당히 많다. 이러한 현상으로 인해 세금저축이라는 용어까지 등장하게 되었다.

**둘째, 소득 노출에 따른 2차 부담(건보료, 증여세 등)**

고소득자의 소득은 단순히 소득세로 끝나지 않는다. 종합소득세 신고 시 노출된 소득은 건보료 부과, 자녀에게 자산 이전 시 증여세 등 2차 부담으로 이어진다.

- ➔ 이러한 현상이 거듭될수록, 번 만큼 온전히 쓰지 못한다는 좌절감을 느끼게 된다.

**셋째, 현존하는 세무 조사에 대한 두려움**

고소득자 중 사업자들은 세금 자체보다 세무 리스크에 민감하다. 단순히 세금을 많이 내는 것에서 끝나지 않는다. 수입, 소비, 자산이 투명하게 드러날수록 국세청의 표적이 되기 쉽기 때문이다.

- ➔ 고소득 사업자에 대해서는 개인의 재산과 사업장에 대한 조사가 통합적으로 진행되는 경우가 많다(통합조사).

## 2. 적용 사례

사례를 통해 위의 내용을 확인해보자.

**01** 고소득 사업자들은 소득세 신고 시 동종업계의 신고 수준이 중요하다고 한다. 왜 그런가?

동종업계의 신고 수준과 동떨어지면 불성실 신고로 보기 때문이다. 이러한 이유로 인해 고소득 사업자는 구조적으로 세 부담이 줄어들기 힘들다.

**02** 고소득 사업자들은 건보료를 어떤 식으로 내는가?

근로자가 1명 이상 있는 사업장은 직장 가입자가 된다. 이 경우, 사업소득을 기준으로 건보료가 부과된다.

**03** 개인과 법인을 동시에 운영하면 세무 조사 가능성이 커지는 이유는?

개인과 법인의 거래를 통해 부당하게 세금을 줄이는 경우가 많기 때문이다.

➔ 국세청은 최근 빅데이터 분석, AI 기반의 이상징후 감지 시스템, 신고포상제 등의 다양한 방식으로 사업자의 움직임을 추적하고 있다. 예를 들어, 신용카드 매출은 줄었는데 의료재료비나 배달 앱 주문량이 증가한 병·의원은 실시간으로 자동 분석 대상이 된다. 또한, 거액의 자산을 취득했는데 소득신고는 평범한 수준이라면 자금 출처 조사나 세무 조사의 단골 대상이 된다. 결국, 고소득 사업자는 '어디서 어떻게 걸릴지 모른다'라는 불안감과 함께 세금 문제에 매우 민감할 수밖에 없다. 국세청이 모든 것을 알고 있는 시대, 세무 리스크는 단순히 '과세'를 넘어 사업 존속의 리스크로 작용한다.

# 개인의 소득세가 많은 이유

고소득자는 연봉이나 사업이익이 증가할수록 누진세 구조의 직격탄을 맞는다. 일단 종합소득세는 최대 45%, 여기에 지방소득세(소득세의 10%)를 더하면 최대 49.5%의 세율이 적용되기 때문이다. 이 밖에 각종 간접세나 건보료까지 합하면 체감 세율은 50%를 훌쩍 넘을 수 있다. 다음에서 고소득자의 소득세 부담이 큰 이유를 좀 더 구체적으로 살펴보자.

### 1. 소득세가 많은 이유

근로자는 높은 연봉에서 차감되는 공제액이 적고, 사업자는 매출이 많고 비용이 적어 소득이 많이 잡히기 때문이다. 하지만 후자의 경우, 이러한 표면상의 이유도 있지만 다른 이유도 존재한다. 이를 정리해보자.

**첫째, 적정 세금을 초과해서 내는 경우가 많기 때문이다.**

고소득 사업자도 소득세율 구조(누진세율) 때문에 기본적으로 세금 부담이 크다. 그런데도 본인이 정확히 내야 할 '적정세액'보다 더 많은 세금을 내는 경우가 있다. 대표적인 이유 몇 가지는 다음과 같다.

- 소득과 비용을 정확히 파악하지 못해 신고소득을 높게 잡는 경우
- 세무 대리인의 보수적인 조언에 따라 리스크를 피하려고 안전하게(?) 신고하는 경우
- 가산세를 두려워해 조세 감면 등을 받지 않고 신고하는 경우 등

➲ 스스로 자신의 세금 구조를 이해하지 못한 상태에서 '안전하게'만 신고하는 태도가 적정 세금 이상을 납부하는 이유 중 하나가 된다.

**둘째, 비용 처리를 제대로 하지 못하는 경우가 많기 때문이다.**

사업자 관점에서 비용 처리가 미흡한 경우, 세금은 기하급수적으로 늘어난다. 예를 들면, 다음과 같은 것들이 있다.

- 법적으로 비용으로 처리 가능한 항목(인건비, 접대비, 차량 유지비 등)을 놓친 경우
- 증빙 자료(세금계산서, 영수증)를 제대로 갖추지 않아 비용 인정을 못 받는 경우 등

➲ 고소득 사업자는 '합법적인 비용을 철저하게 챙기지 않으면, 불필요하게 세금을 더 내는 구조'가 되므로, 이에 대해서는 각별한 노력이 필요하다.

**셋째, 세제 지원 제도를 이용하지 못하는 측면이 있기 때문이다.**

정부는 다양한 세액공제 및 세제 지원 제도(소득공제, 세액공제, 가업상속

공제 등)를 마련해두고 있다. 그러나 복잡한 요건, 절차상의 번거로움, 정보 부족 등의 이유로 이런 제도를 활용하지 못하는 경우가 많다. 예를 들어, 중소기업 특별 세액감면, 고용 증대 세액공제, 투자 세액공제 등이 이에 해당한다. 이외에도 법인사업자 전환을 통한 절세(법인세율 적용, 가업 승계 시 증여세·상속세 절세 효과) 등의 전략적 세제 지원 활용이 부족하다.

➔ '몰라서 못 받는 혜택', '귀찮아서 못 받는 혜택'이 쌓여 사업자의 실질 세 부담이 커지는 경우가 많다. 이 책은 이러한 관점에서 다양한 세 부담 절감 프로젝트를 진행한다.

## 2. 적용 사례

사례를 통해 위의 내용을 확인해보자. K씨는 소매업을 영위 중이다.

〈자료〉
- 매출액 : 20억 원
- 동종업계 평균신고소득률 : 10%
- 올해 당기순이익 : 5억 원

**01** 소득세는 얼마나 예상되는가? 소득세는 당기순이익 5억 원에 **40%**(누진공제 2,594만 원)**를 적용한다.**

- 소득세 : 5억 원×40%-2,594만 원(누진공제) = 1억 7,406만 원(지방소득세 포함 시 1억 9,146만 원)

### 02 이 소득세는 동종업계에서 내는 것과 차이가 있는가?

동종업계의 평균신고소득률이 10%이므로 매출 20억 원의 10%인 2억 원 정도를 신고한다는 개념이 된다. 따라서 이와 Q1의 것을 비교하면 상당한 차이가 발생함을 알 수 있다.

### 03 K씨의 소득률이 높은 이유는 무엇이라고 추정할 수 있는가?

K씨의 소득률(5억 원÷20억 원=25%)은 동종업계 평균신고소득률인 10%보다 훨씬 높은데, 그 이유는 다음과 같이 추정할 수 있다.

- 고수익 상품 판매
  명품, 건강식품, 고급 전자제품 등 수익성이 높은 상품을 주력으로 판매하고 있을 가능성이 있다.

- 고정 비용 절감
  소규모 점포 운영, 온라인 판매 비중 확대 등으로 임대료나 인건비 등의 고정비를 최소화했을 가능성도 있다.

- 세무 투명성 및 성실신고
  동종업계에서 관행적으로 매출을 누락하는 사례가 많다면, K씨는 매출 누락 없이 성실하게 신고했기 때문에 소득률이 높게 보일 수 있다. 또한, 성실신고확인 대상자에 해당해 세무 당국의 감시가 강화된 영향일 수도 있다.

### 04 K씨는 어떤 식으로 이 문제를 바라보는 것이 좋을까?

동종업계와의 비교를 통해 차이 나는 이유를 분석하고, 만일 문제점이 발생하면 이에 대한 대안을 마련하는 것이 좋을 것으로 보인다.

# 개인의 소득세를 줄이는 대안들

앞에서 본 사업자의 소득세가 많은 이유는 우선 매출 규모가 크고 비용이 적은 상태에서 당기순이익이 큰 것이 주요 요인이다. 물론 당기순이익이 많으면 당연히 소득세도 많아질 수밖에 없다. 그렇다면 이러한 소득세를 줄이는 방법에는 어떤 것들이 있을까? 다음에서 대략적인 것들만 살펴보고 자세한 것들은 뒤에서 순차적으로 알아보자.

### 1. 소득세를 줄이는 대안들

소득세는 전년도 및 동종업계의 신고 수준 등을 고려해 매출이 정확히 계상되었는지, 비용을 추가할 수 있는지 등을 검토하는 것이 일반적인 업무에 해당한다. 하지만 이러한 방식에는 한계가 있을 수 있다. 그래서 최근에는 다른 방법을 찾는 경우가 많아졌다.

**첫째, 정책적인 비용을 늘린다.**
비용은 세법에서 허용하는 범위 내에서 다양한 방법으로 장부에 계상할 수 있다. 다만, 일상적인 방법으로 비용을 늘리는 것에는 한계가 있다. 이때에는 별도의 대책을 마련해야 한다. 예를 들면, 다음과 같은 것들이 있을 수 있다.

- 정책적으로 비용을 집행한다. 예를 들어, 사내근로복지기금, 출산지원금, 사택 비용, 광고선전비 같은 것이 이에 해당한다.
- 법인을 세워 외주비 등을 계상한다. 임대법인을 세워 개인과 법인 간 임대차계약을 하는 것도 이에 해당한다.

**둘째, 각종 세제 지원 제도를 이용한다.**
이는 국가에서 합법적으로 용인하므로 최대한 활용하는 것이 좋다.

- 벤처 투자 소득공제, 노란우산공제 등을 받는다.
- 연구개발비 세액공제, 고용 세액공제, 투자 세액공제 등을 놓치지 않는다.
- 창업중소기업감면, 중소기업 특별세액감면 등을 받는다.

**셋째, 사업구조를 바꾼다.**
위와 같은 대안들은 기본적으로 개인사업자를 중심으로 놓고 소득세를 줄이는 방법들에 해당한다. 하지만 이런 대안들이 마땅치 않을 때는 사업구조 자체를 변경할 수 있다.

- 단독사업을 공동사업으로 변경
- 개인사업 대신 법인사업으로 변경 등

## 2. 적용 사례

사례를 통해 위의 내용을 확인해보자. K씨의 1년간 소득 자료가 다음과 같다고 하자.

〈자료〉
- 매출 10억 원
- 비용 8억 원

**Q1** 당기순이익은 2억 원이다. 이에 세율 38%와 누진공제 1,994만 원을 적용하면 소득세 예상액은 얼마인가?

5,606만 원이다. 지방소득세 10%를 더하면 대략 6,166만 원이 된다.

**Q2** 소득공제액이 5,000만 원이라면 세금은 얼마나 줄어드는가? 세율 35%와 누진공제 1,544만 원을 적용한다.

과세표준이 1.5억 원이고, 이에 세율 등을 적용하면 3,706만 원(4,076만 원)이다. 따라서 Q1보다 2,000만 원 이상 줄어든다. 이러한 소득공제도 중요한 절세 항목이 된다. 이에는 다음과 같은 것들이 있다.

- 국민연금보험료공제
- 노란우산공제
- 벤처 투자 소득공제 등

**03** K씨의 소득세 산출세액은 Q2에서 결정된 것과 같다고 하자. 그렇다면 이 세금을 내야 하는가?

아니다. 여기에서 세액공제와 세액감면 같은 세제 지원으로 받은 금액을 차감해야 한다. 예를 들어, K씨가 투자와 고용을 늘린 결과 3,000만 원의 공제를 받을 수 있다면, 소득세 결정세액은 다음과 같다.

- 소득세 결정세액 = 산출세액 − 세액공제 = 3,706만 원 − 3,000만 원 = 706만 원*

    * 단, 실무에서는 매년 최소한의 세금을 납부하도록 하는 제도(최저한세)가 있어 세액공제액 중 일부만 공제가 적용되고, 나머지는 10년간 이월한다.

**04** 사례의 경우는 법인으로 전환할 필요성이 있는가?

개인사업자로 하더라도 충분한 대책이 있으면 굳이 법인으로 전환할 필요는 없다.

### Tip 직장인, 사업자, 금융소득자의 절세법

| 구분 | 직장인 | 사업자 | 금융소득자 |
|---|---|---|---|
| 세금 정산 | 연말정산 | 종합과세 | 종합과세/분리과세 |
| 절세법 | • 소득공제 극대화<br>• 세액공제 극대화 | • 필요경비 극대화<br>• 공동사업<br>• 법인전환<br>• 가업 승계 등 | • 비과세 상품 가입<br>• 분리과세 적용<br>• 법인으로 운영 등 |

# 무리한 절세 뒤에 뒤따르는 세무 조사

고소득 사업자가 무리하게 절세를 꾀하다 화를 자초하는 일이 많다. 세무 당국은 고소득 사업자에 대해 소득신고 적정성, 비용 처리, 법인 운영, 고가 부동산 취득 등 여러 항목을 자세히 점검하기 때문이다. 특히 최근에는 연예인 등 프리랜서 업종에 대한 검증이 심화하고 있다. 다음에서는 주로 이러한 직군에 속하는 고소득 사업자들의 무리한 절세에 따른 세무 조사 리스크에 대해 알아보자.

### 1. 소득세 조사 : 고소득 사업자(프리랜서 포함)

고소득 사업자에 대한 소득세 조사는 필요경비 신고와 소득 누락 여부를 중심으로 진행된다. 예를 들어, 프리랜서의 경우 광고 출연료, 방송 출연료, 외부 강연료 등 다양한 소득원이 제대로 신고되었는지 확인한다.

**사례** 유튜버 A씨는 온라인상에 슈퍼카를 몰고 다니는 사진을 게시해 한동안 논란을 일으켰다. 이에 세무 당국은 세무 조사에 착수해 이와 관련된 비용 및 가공경비, 생활비, 사치품 구매, 의상비 등 사적 지출을 전액 부인해 세금을 추징했다.

## 2. 법인세 조사 : 1인 법인과 가족법인

고소득 프리랜서가 개인사업에서 법인으로 전환하면, 법인세 조사의 가능성이 커진다. 높은 소득세를 피해 법인으로 갔다고 의심을 사기 때문이다. 그에 따라 실제 조사가 진행되면 법인의 수익 귀속, 비용 처리 적정성, 임대료·인건비 등 지출 항목을 주로 점검한다. 또한, 소득분배 구조가 세법상 문제없는지도 주요 쟁점이 될 수 있다. 실질이 개인소득임에도 불구하고 인위적으로 법인소득으로 분산한 것으로 인정될 수 있기 때문이다.

**사례** 배우 C씨는 본인 명의 법인을 통해 출연료를 받고 가족에게 급여를 지급했지만, 가족들은 실질 업무가 거의 없었다. 국세청은 이를 위장 소득 분산으로 판단해 배우 C씨의 개인소득으로 귀속시켰다.

➔ 최근에 고액 수입이 있는 배우 등에 대한 세무 조사가 집중되고 있다. 개인소득을 1인(또는 가족) 법인소득으로 둔갑시켜 소득세를 탈루했다는 취지에서 그렇다. 그런데 여기에서 더 나아가 개인이 취한 자금을 횡령으로 보아 형법을 적용하는 사례마저 등장하고 있다. 결국, 이러한 문제를 예방하기 위해서는 자신이 세운 법인이라도 법인의 자금을 엄격히 관리하는 등 세무 리스크를 사전에 방지해야 할 것으로 보인다. 참고로 앞의 세무 조사에 의한 세금 추징에 대해서는 소송이 진행되고 있으므로, 그 결과에 대해서는 별도로 확인하기 바란다.

### 3. 증여세 조사 : 개인(직장인 포함)과 법인

세무 당국은 연예인 등의 고가 부동산 취득 과정도 집중적으로 점검한다. 자체적으로 갖춘 전산망을 통해 소득 대비 부동산 취득자금 출처를 확인하고, 증여세·양도세 신고 여부 등도 검토한다.

**사례** 연예인 B씨는 최근 서울 강남에 고급 아파트를 매입했다. 매입가는 약 50억 원대. 세무 당국은 B씨의 연간 소득과 자금 출처를 검토한 결과, 일부 자금이 본인 소득으로 설명되지 않았다고 판단했다. 세무 당국은 B씨가 법인을 통해 받은 출연료 일부를 개인 부동산 구입에 사용한 점을 확인하고, 금융거래 내역과 증여세 신고 여부까지 검토해 관련 세금을 추징했다.

➔ 고소득 사업자의 경우, 사업장에 대한 조사는 기본이고 개인의 재산 등을 통합해 조사하는 경우가 많다. 4장을 참조하기 바란다.

### 4. 취득세 중과세 조사 : 1인 또는 가족법인(과밀억제권 밖 소재)

세무 당국(지방자치단체)은 수도권 과밀억제권 내 법인 소유 부동산 취득에 대해 취득세 중과 여부를 집중적으로 점검한다. 과밀억제권 내 고가 빌딩을 취득하면 취득세가 중과되므로, 일부 고소득 프리랜서와 연예인은 이를 피하고자 법인 본점을 과밀억제권 밖으로 두고 부동산을 취득하기 때문이다.

**사례** 연예인 D씨는 수도권 과밀억제권 내 빌딩 취득 시 취득세 중과세 부담을 피하고자, 법인의 본점을 과밀억제권 밖에서 설립하고 과밀억제권 내의 빌딩을 매입했다. 세무 당국은 법인 설립 과정 및 실제 근무 여부 등을 자세히 검토한 결과, 과밀억제권 밖의 비상주 사무소에서는 실제 근무가 이루어지지 않는 것으로 판단해 취득세 중과세를 적용했다.

※ **과밀억제권 밖 비상주 사무실에서 법인 설립 시 주의할 점**
- 법인세 : 특별한 문제는 없다. 다만, 창업중소기업감면 등에서 제한이 있을 수 있다.
- 부가세 : 사업자등록이 되어 있는 장소마다 부가세 신고를 하면 족하다.
- 취득세 : 과밀억제권 내의 부동산 취득에 대한 중과세를 피하기 위한 목적으로 과밀억제권 밖에서 법인을 설립하면 이를 조사할 수 있다.

### Tip 연예인, 프로운동선수 등의 세무 전략

연예인이나 프로야구 운동선수 등은 이미지와 세무 리스크로 인해 개인 명의로 세무 신고를 하는 경향이 크다. 다만, 본업 외의 업무(광고 등)나 은퇴 후에는 1인 법인이나 가족법인을 세워 사업·투자·승계를 준비하는 경우가 많다. 다음에서 프로야구선수는 세무 전략을 어떤 식으로 세우는 것이 좋을지 정리해보자.

| 구분 | 현역 선수 | 은퇴 선수 |
| --- | --- | --- |
| 주요 소득원 | 연봉(계약금·연봉), 광고·모델료 등 | 강연료, 해설자 출연료, 광고·모델료, 야구 교실 운영, 투자 수익 |
| 소득 구분 | 인적용역 사업소득(연봉, 광고료) → 3.3% 원천징수 후 종합소득세 신고 | 사업소득(강연·해설), 법인사업소득(야구 교실·투자), 근로소득(코치·감독 시) |
| 법인 활용 가능성 | 제한적 → 연봉은 개인소득으로 과세, 광고료 일부만 법인 수입 가능 | 높음 → 야구 교실·아카데미, 매니지먼트, 투자·부동산 법인 설립 |
| 세무상 전략 | • 개인 필요경비 극대화(에이전트 수수료, 훈련·장비구매비 등)<br>• 종합소득세 성실신고 | • 낮은 법인세율(20% 선) 활용<br>• 가족 급여 지급 통한 합법적 소득 분산<br>• 법인 통한 장기 투자·승계 설계 |
| 리스크/제약 | 구단·팬들의 시선, 세무 조사 리스크, 절세 효과 제한 | 사업 실패 리스크, 법인 운영 관리 비용 발생 |
| 일반적 선택 | 개인 명의 신고 위주 | 법인 설립 후 2차 경력 및 자산관리 활용 |

**절세 탐구** | 고소득자가 알아야 할 세목별 세무 환경

직장인, 사업자, 금융소득자 중 고소득자를 둘러싼 세무 환경을 세목별로 정리해보자. 구체적인 내용은 뒤의 본문을 통해 확인하기 바란다.

### 1. 소득세

- 소득세는 6가지의 소득(사업소득, 근로소득, 금융소득 등)을 종합한 소득에 대해 과세되는 세금이다.
- 소득세의 최고세율은 45%(지방소득세 포함 시 49.5%)까지 적용되며, 고소득자일수록 누진세 구조로 인한 세 부담이 크다.
- 일정 수입금액 이상인 고소득 사업자는 성실신고확인서를 제출해야 하며, 미제출 시 가산세가 부과된다.
- 사업자의 소득 탈루를 감시하기 위해 국세청은 신용카드, 현금영수증, POS 자료 등을 실시간으로 수집·분석해 탈루 가능성을 점검한다.
- 고액의 사치성 소비(해외여행, 명품 구매 등)가 신고소득보다 과도한 경우, 빅데이터 분석을 통해 세무 조사로 연결된다.

### 2. 건보료

- 고용되거나 직원을 고용한 사업자들은 직장에서 건강보험에 가입한다.
- 직장 가입자인 사업자의 건보료 부과 기준은 소득(수입-비용)이다. 참고로 지역 가입자는 신고소득과 재산을 기준으로 보험료가 산정된다.*

*이러한 정보는 직장인이 은퇴할 때 알아두면 좋을 정보에 해당한다.

- 직장 가입자는 소득에 대한 상한 보험료(월 450만 원)가 있으며, 지역 가입자는 소득과 재산에 대한 상한 보험료(월 450만 원)가 있다.

## 3. 법인세

- 법인세는 법인의 모든 소득에 대해 10~25%(2025년은 9~24%) 과세되는 세금이다. 소규모 성실신고법인의 경우, 20~25%(2025년은 19~24%) 적용된다.
- 성실신고확인 제도를 적용받은 고소득 사업자가 법인으로 전환하면, 해당 법인에 대해서도 3년간 이 제도가 적용된다.
- 주업이 임대업이거나 매출 중 임대소득·금융소득의 합계액이 50% 이상이고, 근로자 수가 5인 미만인 가족법인(소규모 성실신고법인)도 성실신고확인 제도를 적용받는다(매년 적용).
- 형식적인 가족법인을 통한 비용 처리나 소득 분산은 법인격 부인 및 부당행위계산부인 등으로 세무 당국의 집중 점검 대상이 된다.

## 4. 부가세

- 본인의 사업 영위 업종이 면세인지, 과세인지 등을 명확히 구분해야 한다.
- 본인에게 맞는 사업자등록 방법을 이해해야 한다.
- 일반과세자의 경우, 매입세액공제 등에 주의한다.
- 프리랜서(인적용역 사업자)가 면세사업자의 경우, 사업장이 있거나 고용을 하면 과세업이 되며, 조세 감면에 제한이 있을 수 있다.

## 5. 부동산 세금

- 주택을 취득한 경우 1~12%의 세율이 적용될 수 있다.
- 과밀억제권 밖의 비상주 법인은 취득세 중과세가 적용될 수 있다.
- 주택을 과다하게 보유한 경우, 재산세 외에 종부세가 과세될 수 있다.
- 부동산 양도 시 보유 기간, 조정대상지역 여부 등에 따라 세율이 달라지며, 법인의 양도 시 법인세+배당소득세 이중과세 문제가 발생할 수 있다(2025년 10·15 대책과 분석은 저자의 카페 참조).

## 6. 상속세

- 상속세는 유산에 대해 과세되는 세금으로 세율은 10~50%가 적용된다.
- 자산의 시가 평가(감정평가) 및 금융자산, 가업 주식 등에 대한 세 부담이 상당하다.
- 고액 자산가일수록 상속세 부담이 크며, 가업 승계 시에도 사전 증여, 특례 적용 등 철저한 사전 플랜이 필수다.

## 7. 증여세

- 증여세는 생전에 무상 이전에 대해 과세되는 세금으로, 증여세율은 상속세와 같다.
- 일정 금액 이상의 자산을 취득하면, 증여세 신고 여부와 무관하게 국세청의 자금 출처 조사를 받게 된다.
- 자녀에게 부동산, 주식, 금융자산 등을 증여할 때 고세율로 인해 부담이 크다.

제 2 장

# 소득세 절세, 9가지 핵심 법칙

# 소득세 절세법 1 : 소득의 종류별로 과세 원리를 이해하라

소득세는 개인의 소득에 부과되는 세금이다. 그런데 개인의 소득은 크게 종합소득과 분류 과세소득으로 구분되고, 이에 따라 과세하는 방법이 달라진다. 다음에서 이에 대해 알아보자.

### 1. 소득의 종류별 과세 원리

개인이 일생을 통해 마주하는 소득에는 다음과 같은 것들이 있다.

| 구분 | 종류 | 비고 |
| --- | --- | --- |
| ① 일상적인 소득 (종합소득) | 이자소득, 배당소득, 근로소득, 사업소득 (부동산임대소득 포함), 연금소득, 기타소득 | 종합과세 |
| ② 비일상적인 소득 | 양도소득, 퇴직소득 | 분류과세 |

소득세법은 이러한 소득의 성격별로 과세 방법을 달리 적용하고 있다. 그런데 ① 종합소득에 대해 다음과 같이 3가지의 과세 방식이 동원되고 있다.

### 첫째, 종합과세(기본 방식)

6가지 소득(이자, 배당, 사업, 근로, 연금, 기타소득)을 합산해 누진세율(6~45%)을 적용하는 일반적인 과세 방식을 말한다. 만일 개인에게 사업소득이나 근로소득 등에서 한 가지 소득만 발생하면, 이 소득만을 가지고 세금 정산을 하게 된다.

- 근로소득 → 다음 해 2월 중에 연말정산을 통해 종합과세 방식으로 세금을 정산한다.
- 사업소득 → 다음 해 5월(성실은 6월)에 종합소득세 신고를 통해 세금을 정산한다.

### 둘째, 분리과세(원천징수로 끝)

종합과세의 실익이 없는 특정 소득은 별도로 분리해 과세한다. 따라서 분리과세는 종합소득에 합산하지 않고, 14% 등의 세율로 납세 의무를 종결시키는 것을 말한다.

**예**

- 일시적 복권소득 등 → 20~30% 등으로 분리과세
- 금융소득 2,000만 원 이하인 경우 → 14%로 분리과세
- ➔ 2027년부터 가상자산(암호화폐)의 양도와 대여소득을 기타소득에 포함하는 한편, 이 소득에 대해 20%의 세율로 분리과세할 예정이다.

### 셋째, 선택적 분리과세(납세자 선택 가능)

선택적 분리과세는 납세자가 종합과세 또는 분리과세 중 선택 가능한 것을 말한다.

**예**

- 주택임대소득 2,000만 원 이하 : 종합과세 또는 분리과세(14%)
- 사적 연금소득* 1,500만 원 초과 : 종합과세 또는 분리과세(15%)
  * 연금저축, 퇴직연금 등 민간회사에서 운영하는 연금상품을 말한다.

➡ 2026년부터 요건(배당성향 40% 초과 등의 상장법인)을 갖춘 배당소득 2,000만 원 초과분에 대해서 종합과세 또는 분리과세(20% 등) 중 선택이 가능해질 것으로 보인다. 따라서 소득이 높은 층은 배당소득을 종합과세가 아닌 20~35%의 분리과세를 선택하면 도움을 받을 수 있을 것으로 보인다.

## 2. 적용 사례

사례를 통해 위의 내용을 확인해보자. K씨의 한 해 소득은 다음과 같다.

〈자료〉
- 사업소득금액(수입-비용) : 5억 원
- 배당소득 : 1억 원
- 양도소득 : 1억 원

**01** 이 3가지 소득에 대한 과세 방식은?

사업소득과 배당소득은 종합소득에 해당하므로 원칙적으로 종합과세되며, 양도소득은 종합소득이 아니므로 분류과세가 된다.

➡ 자료상의 사업소득이 근로소득인 경우에도 위와 같이 과세 방식이 정해진다.

**02** 사례의 종합소득은 총 6억 원이 된다. 이에 42%의 세율과 3,594만 원의 누진공제를 적용하면 산출세액은 얼마나 되는가?

2억 1,606만 원이 된다.

**03** 만일 배당소득에 대해 20%의 분리과세가 허용된다면, 이 경우 절세금액은 얼마인가? 이때 사업소득에 대한 세율은 40%(누진공제 2,594만 원)가 적용된다.

- 사업소득 산출세액 : 5억 원×40%-2,594만 원 = 1억 7,406만 원
- 배당소득 분리과세 : 1억 원×20% = 2,000만 원
- 계 : 1억 9,406만 원

따라서 이렇게 배당소득에 대한 분리과세를 선택하면 종합과세되는 경우보다 2,200만 원(Q2-Q3) 정도가 줄어든다.

> **Tip 소득의 재분류를 통한 절세 방안들**
>
> - 종합과세 항목과 분류과세 항목을 바꾼다(양도소득 → 매매업 소득, 후자가 세율이 유리하다).
> - 종합과세 항목을 분리과세 항목으로 바꾼다(1,500만 원 초과한 연금소득, 고배당 기업의 배당* 등 → 분리과세가 유리할 수 있다).
>   * 배당 성향이 40% 등에 해당하는 기업으로부터 배당을 받으면 2,000만 원 이하는 14%, 2,000만 원~3억 원 이하는 20%, 3억 원 초과분은 35%의 세율이 적용될 예정이다(2026년부터 시행 예정).
> - 소득세 과세 항목을 비과세 항목으로 바꾼다(저축성보험 차익 등).
> - 사업소득을 기타소득으로 바꾼다(강의소득은 필요경비 60% 적용, 사업소득은 장부 작성이 원칙).
> - 근로소득을 퇴직소득으로 바꾼다(소득세 인하 및 건보료 절감 등).

# 소득세 절세법 2 : 종합소득세 계산 절차를 이해하라

소득 종류별로 과세 방식을 어느 정도 이해했다면, 종합소득세 계산 과정을 제대로 정리할 필요가 있다. 일단 종합소득세 기본 공식을 살펴보면 다음과 같다.

- 과세표준 = 종합소득금액 − 소득공제
- 산출세액 = 과세표준 × 세율
- 결정세액 = 산출세액 − 세액공제, 세액감면
- 납부세액 = 결정세액 − 기납부세액

위의 결정세액(납부세액이 아님에 주의)에 10%의 지방소득세가 별도로 부과되며, 실제 납부세액은 소득세 납부세액에 이를 합산한 금액이다.

## 1. 종합소득세 계산 절차

종합소득금액은 납세자가 한 해 동안 얻은 다음의 각종 소득금액을 합산해 산정한다.

- 사업소득금액 : 총수입금액(매출)에서 필요경비를 공제한 금액
- 근로소득금액 : 근로소득공제를 적용한 후의 금액
- 이자·배당소득금액 : 금융소득(필요경비 없음. 2,000만 원 초과 시 종합과세 원칙)
- 연금소득금액 : 사적연금 등에서 연금소득공제를 적용한 후의 금액(사적연금 1,500만 원 초과 시 종합과세 원칙)
- 기타소득금액 : 일시적 강연료, 원고료, 인세 등의 수입에서 필요경비 60%를 공제한 후의 금액(해당 금액이 300만 원 초과 시 종합과세)

종합소득금액에서 다음의 각종 공제(기본공제, 인적공제, 특별공제 등)를 뺀 금액이 과세표준이다. 과세표준 구간에 따라 세율이 다르게 적용되며, 공제항목에 따라 납부세액이 크게 달라진다.

| 공제 구분 | 주요 내용 |
|---|---|
| 기본공제 | 본인+부양가족 1인당 150만 원(배우자, 직계존비속 등) |
| 추가공제 | 경로우대자(100만 원), 장애인(200만 원), 한 부모(100만 원) 등 |
| 특별공제 | 국민연금보험료공제, 주택자금공제 등 |
| 기타공제 | 노란우산공제, 벤처 투자 소득공제 등 |

한편 산출세액은 과세표준에 아래의 세율을 곱해 계산한다.

| 과세표준 구간 | 세율 | 누진공제 |
|---|---|---|
| 1,400만 원 이하 | 6% | 0원 |
| 1,400만 원 초과~5,000만 원 이하 | 15% | 126만 원 |
| 5,000만 원 초과~8,800만 원 이하 | 24% | 576만 원 |
| 8,800만 원 초과~1억 5,000만 원 이하 | 35% | 1,544만 원 |

| 과세표준 구간 | 세율 | 누진공제 |
|---|---|---|
| 1억 5,000만 원 초과~3억 원 이하 | 38% | 1,994만 원 |
| 3억 원 초과~5억 원 이하 | 40% | 2,594만 원 |
| 5억 원 초과~10억 원 이하 | 42% | 3,594만 원 |
| 10억 원 초과 | 45% | 6,594만 원 |

이후 산출세액에서 세액공제와 세액감면을 차감해 결정세액을 계산하고, 여기에서 기납부세액을 차감하면 소득세 납부세액을 계산할 수 있다.

### ※ 종합소득세의 계산구조

위의 내용을 그림으로 요약하면 다음과 같다.

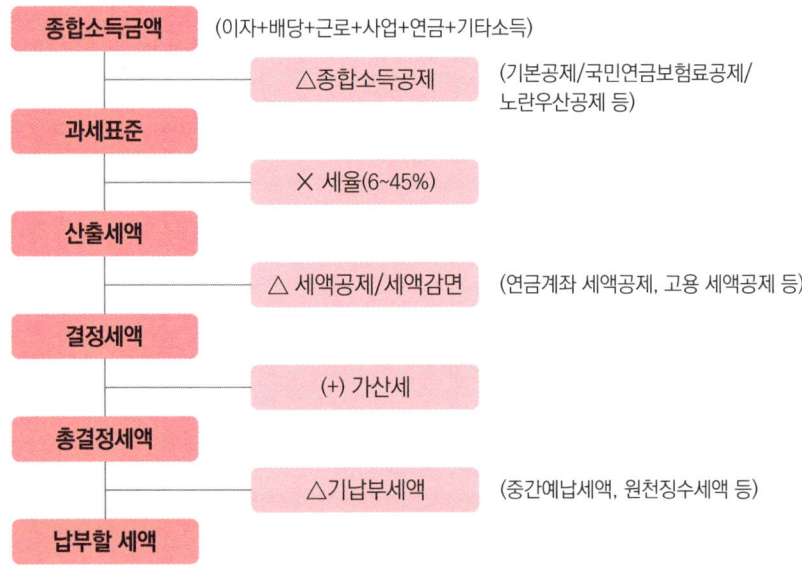

→ 근로소득만 있는 경우에는 급여가 지급된 다음 연도 2월 중에 위의 계산구조로 연말정산을 하게 된다.

## 2. 적용 사례

사례를 통해 위의 내용을 확인해보자.

〈자료〉
- 당기순이익 : 10억 원
- 소득공제 : 5,000만 원
- 고용 세액공제 등 : 5,000만 원
- 원천징수세액 : 5,000만 원

### 01 사례에서 산출세액은?

- 과세표준 = 10억 원-5,000만 원 = 9.5억 원
- 산출세액 = 9.5억 원×42%-3,594만 원(누진공제) = 3억 6,000만 원 (약)

### 02 사례에서 결정세액은?

- 결정세액 = 산출세액-세액공제(고용 세액공제 등) → 3억 6,000만 원 -5,000만 원 = 3억 1,000만 원

### 03 사례에서 납부할 세액은?

- 납부세액 = 결정세액-원천징수세액 → 3억 1,000만 원-5,000만 = 2억 6,000만 원

**04 지방소득세를 포함하면 총 납부할 세액은 얼마인가?**

- 지방소득세 = 결정세액(3억 1,000만 원)×10% = 3,100만 원
- 총 납부할 세액 = 2억 6,000만 원+3,100만 원 = 2억 9,100만 원

➡ 지방소득세 10%는 소득세의 산출세액 또는 납부할 세액이 아닌 결정세액을 기준으로 부과됨에 유의하자.

# 소득세 절세법 3 : 나에게 맞는 적정 세금부터 확인하라

고소득층 사업자들이 소득세 신고와 관련해 가장 관심 있는 것 중의 하나가 바로, '내 소득 수준에 합당하는 세금을 내고 있는지'다. 남들보다 더 내는 경우는 뭔가 손해를 보고 있다는 느낌을 지울 수 없기 때문이다. 그래서 실무에서는 전년도의 실적, 그리고 동종업계의 실적 등을 가지고 이를 판단하는 경우가 많다. 다음에서 이에 대해 알아보자.

## 1. 적정 세금을 확인하는 방법

**첫째, 업종별 표준소득률을 확인한다.**

표준소득률은 국세청이 업종별로 정한 수입금액 대비 평균 소득금액의 비율을 말한다. 예를 들어, 어떤 업종의 표준소득률이 20%라면, 해당 업종의 일반적인 과세소득은 수입금액의 20% 정도로 간주된다. 이 표준소득률은 국세청 홈택스에서 업종별 단순경비율을 조회해 확인할 수 있다.

> **예**
> 
> - 업종명 : 일식 음식점업
> - 업종코드 : 552103
> - 단순경비율 : 83.60%

➡ 단순경비율이 83.6%라는 것은, 나머지 16.4%가 소득률(=표준소득률)로 간주된다는 뜻이다.

### 둘째, 전년도 소득률과 비교한다.

자신의 과거 신고소득률과 비교해 이례적으로 낮아진 경우는 신고 성실성 여부를 다시 점검해볼 필요가 있다. 특히, 반복적으로 소득률이 하락할 때는 국세청이 비정상적인 비용 계상으로 판단할 수 있다.

### 셋째, 최종 국세청의 신고안내문을 참고한다.

국세청은 매년 사업자들에게 신고안내문(세무서에서 보내는 세금 가이드)을 홈택스에서 안내한다. 이 안내문에는 업종별 평균소득률, 본인의 작년 신고 내역, 그리고 성실신고 관련 정보 등이 포함되어 있다. 이 자료를 통해 자신의 소득률이 동종 업종 평균과 얼마나 차이가 나는지 확인하고, 신고 내용의 적정성을 판단할 수 있다.

## 2. 적용 사례

사례를 통해 위의 내용을 확인해보자.

**01** 국세청에서 매년 고시하는 표준소득률은 어떻게 산정하는가?

업종별 단순경비율(평균 경비율)을 1에서 차감하면 표준소득률이 나온다. 단순경비율은 국세청 홈택스를 통해 조회할 수 있다.

**02** 국세청은 표준소득률을 가지고 세무 조사 대상자를 선정할 수 있는가?

그렇다. 표준소득률보다 현저히 낮은 소득률을 보이면, 신고 성실성에 의문이 있어 세무 조사 대상이 될 가능성이 커진다.

**03** 아래 박 사장은 어떤 문제가 있는가?

〈자료〉
서울 마포구에서 일식집을 운영 중인 박 사장은 종합소득세 신고를 준비 중이다. 그런데 작년의 매출은 10억 원이었으나 순이익은 5,000만 원에 불과하다. 이 업종의 단순경비율은 83.6%라고 하자.

일식집의 경우, 단순경비율은 83.6%이므로 표준소득률은 16.4%다. 그런데 박 사장의 실제 신고소득률이 5%이므로 과소신고의 가능성이 크다.

**04** Q3에서 표준소득률과 실제 소득률의 세금 차이는? 단, 소득공제액은 1,000만 원이라고 하자.

① 표준소득률에 의한 계산

- 산식 : [(수입금액×표준소득률)−종합소득공제]×세율
- 계산 : [(10억 원×16.4%)−1,000만 원]×6~45%=(1억 6,400만 원−1,000만 원)×6~45%=1억 5,400만 원×6~45%=1억 5,400만 원×38%−1,994만 원(누진공제)=3,858만 원

② 실제 소득률에 의한 계산

• 계산 : (5,000만 원-1,000만 원)×6~45%=4,000만 원×6~45%
=4,000만 원×15%-126만 원(누진공제)=474만 원

따라서 세금 차이는 3,400만 원 정도 된다.

### 05 박 사장은 세무 조사를 받을까?

이에 관한 결정은 관할 세무서에서 판단하므로 여기에서는 알 수 없다.

**Tip 주요 업종별 경비율, 표준소득률**(국세청 홈택스)

| 구분 | 업종코드 | 단순경비율 | 기준경비율 | 표준소득률<br>(1-단순경비율) |
|---|---|---|---|---|
| 성형외과 | 851209(보건업) | 42.7% | 16.1% | 57.3% |
| 배우, 탤런트 | 940302(개인 서비스업) | 29% | 5.9% | 71% |
| 1인 미디어콘텐츠 창작자 | 940306(개인 서비스업) | 64.1% | 12.1% | 35.9% |
| 미디어콘텐츠 창작업 | 921505(정보통신업)* | 73.8% | 14.2% | 26.2% |

\* 정보통신업 : 인적 또는 물적 시설을 갖추고 인터넷 기반으로 다양한 주제의 영상 콘텐츠 등을 창작하고 이를 영상 플랫폼에 업로드해 시청자에게 유통함으로써 수익이 발생하는 산업 활동을 말한다(인적 또는 물적 시설 없는 1인 미디어콘텐츠 창작자는 940306 적용).

# 소득세 절세법 4 : 필요경비를 늘려라

 필요경비란, 사업자가 소득을 얻기 위해 직접 사용한 실제 비용을 말한다(근로자는 법에서 정한 근로소득공제가 이에 해당한다). 따라서 이러한 경비는 수입에서 차감된 후 실제 소득에 대해 과세하는 것이 타당하다. 이러한 관점에서 필요경비는 세금을 줄이는 가장 기본적인 수단인 셈이다. 물론 무한정 늘릴 수는 없고, 앞에서 본 표준소득률을 고려해야 한다. 다음에서 필요경비를 늘리는 방법 등에 대해 알아보자.

## 1. 고소득 사업자가 필요경비를 늘리는 방법

**첫째, 사업 관련 지출은 빠짐없이 비용화하라**
 고소득 사업자일수록 단순한 소모성 경비라도 누락되면 세 부담이 커지므로, 사소한 지출도 철저하게 사업비로 구분하고 증빙화해야 한다. 예를 들면 다음과 같은 것들이 있다.

- 차량 유지비, 사무실 임차료 및 관리비
- 통신비(전화, 인터넷), 소모품비, 잡비
- 직원 복리후생비, 경조사비 등

**둘째, 가족을 활용해 인건비를 전략적으로 반영하라**

가족이 실제 사업에 기여한다면 급여를 지급하고 인건비로 비용으로 처리함으로써 소득 분산과 세 부담 완화를 동시에 꾀할 수 있다.

🔴 **예**

- 배우자 : 고객 응대, 청소, 회계 보조 등
- 자녀 : 디자인, SNS 운영, 유튜브 편집 등

**셋째, 정책적 지출 설계를 통해 비용을 전략적으로 창출하라**

단순 소모성 경비가 아닌 장기적인 관점에서 자산관리와 세무 전략이 결합한 지출을 설계해 합법적인 비용으로 환원할 수 있다.

🔴 **예**

- 광고·마케팅비 : 유튜브, SNS, 인플루언서 협찬비, 간판·홈페이지 등 브랜드 관련 지출
- 가족법인과의 거래 : 사무실 임대, 외주 용역, 장비·차량 임대 등
- 업무용 자산 투자 : 사무용 공간, 사택, 인테리어·설비 투자비 자산화 후 비용 처리

➔ 다만, 과도한 비용 또는 사적 사용의 혼합은 추후 세무 조사 리스크를 증가시키므로 유의해야 한다.

## 2. 적용 사례

사례를 통해 위의 내용을 확인해보자.

**01** 유튜브 광고에 지출한 금액은 필요경비로 인정되는가?

유튜브 광고는 불특정 다수를 대상으로 한 홍보성 지출이므로 원칙상으로 광고선전비로 인정된다.

**02** 자사의 제품을 홍보하기 위해 특정 연예인·인플루언서 등을 대상으로 협찬비를 지출하면 해당 금액은 광고선전비에 해당하는가?

그렇다. 불특정 다수를 대상으로 광고를 위한 것이기 때문이다. 이때 다음과 같은 후속 조치가 필요하다.

- 광고기획서, 협찬 계획서, 콘텐츠 업로드 내역, 기안서 등 필수 증빙을 비치

**03** 개인이 사용하는 사무실 또는 매장, 차량을 가족법인 소유로 전환한 후 법인에 임차료를 지급하면 해당 경비를 필요경비에 해당하는가?

그렇다. 단, 실제 거래임을 입증하는 계약서, 임대료 이체 내역, 법인의 부동산 소유관계 증명이 필수다.

➔ 시세보다 과다한 임대료는 부당행위계산 적용 대상이다.

**04** 가족법인이 인력을 고용해 용역 제공을 제공하면 외주 용역비로 비용 처리가 가능한가?

가능하다. 용역 제공의 실질이 존재하고, 적정한 대가 지급 및 세금계산서 등 증빙 확보 시 외주 용역비로 인정된다.

**05** 국세청은 AI를 통한 탈루 의심 사례를 식별·분석 작업을 진행한다고 한다. 고소득 사업자들은 어떤 유형에 특히 유의해야 할까?

AI에 의해 적발되기 쉬운 내용은 다음과 같다.

- 가족 명의 위장사업자 : 배우자·자녀 명의로 사업자등록, 실제 운영은 본인 → 소득 분산 목적
- 가족 급여·퇴직금 허위 지급 : 실제 근무 없는 자녀에게 급여·퇴직금 지급
- 허위 직원 등록 : 근무 없는 사람을 직원 등록 후 4대 보험·급여 처리
- 가공세금계산서 수취 : 거래 없는 세금계산서로 필요경비 과다계상
- 매출 누락 : 매출 일부 차명계좌 입금 후 가족법인으로 전환
- 가족 임대차 위장 : 가족 건물에 과도한 임대료 지급 → 비용 빼내기

> **Tip 필요경비를 조절하는 원리**
>
> - 신고소득률이 표준소득률에 미달하는 경우 → 경비가 많다는 것을 의미한다. 이때에는 사적 비용 등이 포함되어 있는지 점검한다. 이런 비용이 없다면 감가상각비 계상을 이연하는 것도 하나의 방법이 된다.
> - 신고소득률이 표준소득률을 상회하는 경우 → 경비가 부족하다는 것을 의미한다. 이때는 누락된 경비 등이 있는지를 점검한다. 여의치 않으면 법인 등으로 전환하는 방법 등을 도모할 수 있다.

# 소득세 절세법 5 : 소득공제를 많이 받아라

소득세는 종합소득금액에 대해 바로 세율을 곱해 산출세액을 계산하지 않는다. 과세할 때 개인의 최소한의 생활 여건과 사회적 필요를 반영해 세금을 줄여줄 필요가 있는데, 이것이 바로 소득공제의 역할이다. 실제 같은 소득이라도 부양가족 수가 많으면 이에 대한 공제를 추가로 해주거나, 국민연금이나 벤처 투자를 활성화하기 위해 소득공제를 적용해주기도 한다. 다음에서 고소득 직장인과 사업자 등이 알아두면 좋은 소득공제에 대해 알아보자.

## 1. 소득공제

### 1) 인적 소득공제
납세자의 부양가족 구성에 따라 과세소득에서 일정 금액을 차감하는 공제를 말한다.

- 기본공제 : 본인, 배우자, 부양가족(나이·소득 요건 충족 시) 1인당 연 150만 원
- 추가공제 : 경로우대(만 70세 이상), 장애인, 한부모 가구 등에 대해 100~200만 원 추가공제

### 2) 물적 소득공제

특정 지출이나 투자에 대해 과세소득에서 일정 금액을 차감하는 공제를 말한다.

- 사회보험료 공제 : 국민연금보험료, 공무원연금, 사학연금 등
- 사업자 퇴직 등 대비 공제 : 노란우산공제(연 600만 원 한도)
- 투자·정책공제 : 벤처기업 투자, 조합출자금공제 등
- 기타 : 신용카드소득공제, 주택 차입금 원리금 상환공제 등

## 2. 적용 사례

사례를 통해 위의 내용을 알아보자.

〈자료〉
- 당기순이익 : 5억 1,500만 원
- 소득공제(인적 소득공제) : 500만 원
- 소득공제(물적 소득공제-국민연금공제 등) : 1,000만 원

**01** 사례의 종합소득금액과 과세표준은 얼마인가?

주어진 정보를 바탕으로 이를 알아보면 다음과 같다.

- 종합소득금액 : 5억 1,500만 원
- 과세표준 : 5억 원(종합소득금액-소득공제)

**02** 소득세 산출세액은 얼마인가?(40%(누진공제 2,594만 원)를 적용한다)

- 산출세액 : 5억 원×40%-2,594만 원 = 1억 7,406만 원(지방소득세 별도)

**03** 만일 국민연금을 1,000만 원 추가로 내면 이로 인한 절세금액은?

추가로 내는 금액에 40%(44%)를 곱한 400만 원(440만 원)만큼 절세 효과가 발생한다.

**04** 벤처 투자 소득공제는 어떤 식으로 소득공제가 적용되는가?

벤처기업에 대한 개인 투자는 조특법 제16조에 따라 소득공제 혜택을 받을 수 있다.

① 대상 투자 : 벤처기업 직접 투자, 창업 투자조합·벤처 투자조합 출자, 벤처기업 투자 전문회사 주식 취득 등
② 공제율
  - 투자 금액 3,000만 원 이하 : 전액(100%) 소득공제
  - 3,000만 원 초과~5,000만 원 이하 : 50% 공제
  - 5,000만 원 초과 : 30% 공제
③ 공제 한도 : 종합소득금액의 50% 내에서 연간 최대 1억 원까지 공제 가능(투자 금액 기준)
④ 유의 사항
  - 투자 후 3년 이내 처분 시 추징세액 발생
  - 벤처기업확인서 등 입증서류 보관 등

**05** Q4의 소득공제는 근로자도 받을 수 있는가?

그렇다.

➔ 고소득 근로자의 경우, 이런 소득공제를 활용하면 상당한 절세 효과를 누릴 수 있다.

**06** 노란우산공제는 누가 적용 대상인가? 그리고 공제 한도는 없는가?

노란우산공제는 소기업·소상공인 범위에 포함되는 개인사업자(사업자등록증 보유) 또는 법인의 대표자에게 적용된다. 소득공제는 불입금 전액을 소득금액에서 차감하나 다음과 같은 연간 한도가 있다.

- 종합소득금액 4,000만 원 이하 → 연 600만 원
- 종합소득금액 4,000만 원 초과~1억 원 이하 → 연 300만 원
- 종합소득금액 1억 원 초과 → 연 200만 원

# 소득세 절세법 6 :
# 세액공제는 무조건 받아라

 소득세를 줄이기 위해서는 일차적으로 필요경비를 제대로 계상하고 소득공제를 최대한 받는 것이 필요함을 알 수 있다. 그런데 이렇게 세금을 계산했다고 해서 모든 절차가 완결된 것은 아니다. 다음 단계인 조세 지원 제도가 남아 있기 때문이다. 조세 지원 제도에는 크게 세액공제와 세액감면이 있다. 이 중 전자부터 살펴보자.

## 1. 세액공제

 이는 정부가 장려하고 싶은 활동(예 : 연구개발, 고용증대, 자녀 양육 등)을 촉진하기 위해 세금을 줄여주는 제도에 해당한다.

### 1) 인적세액공제
 이는 가족 구성과 납세자의 인적사항을 반영해 세금을 직접 줄여주는 공제에 해당한다.

- 자녀세액공제 : 부양 자녀 수에 따라 차등 적용(자녀 1명 25만 원 등)
- 근로소득 세액공제 : 근로소득자 대상(최고 74만 원 한도)

**2) 물적세액공제**

특정 지출이나 투자 활동을 장려하기 위해 산출세액에서 공제하는 것을 말한다.

- 주요 항목
  - 보험료, 교육비, 의료비 세액공제
  - 연금계좌 세액공제
  - 연구 및 인력개발비 세액공제*
  - 통합 투자 세액공제*
  - 통합 고용 세액공제*
  - 성실신고확인세액공제

    * 이 3가지 공제는 고소득 사업자에게 매우 중요하다. 뒤에서 살펴본다.

## 2. 적용 사례

사례를 들어 위의 내용을 확인해보자.

〈자료〉
- 업종 : 제조업
- 수입금액 : 20억 원
- 필요경비 : 14억 9,000만 원
- 종합소득공제 : 1,000만 원
- 당해 연도 고용 증가 인원(청년) : 1명(1월 1일 채용)
- 당해 연도 기계설비 투자액 : 1억 원
- 이 기업은 수도권 밖에 소재함.

### 01 이 사업자의 소득세 산출세액은 얼마나 예상되는가?

| 구분 | 금액 | 비고 |
|---|---:|---|
| 수입금액 | 20억 원 | |
| − 필요경비 | 14억 9,000만 원 | |
| = 이익 | 5억 1,000만 원 | |
| − 종합소득공제 | 1,000만 원 | |
| = 과세표준 | 5억 원 | |
| × 세율 | 40% | |
| − 누진공제 | 2,594만 원 | |
| = 산출세액 | 1억 7,406만 원 | 지방소득세 별도 |

### 02 이 사업자는 고용을 증가시키는 데 따른 세제 혜택을 받을 수 있는가?

그렇다. 이 경우 수도권 밖의 소재 기업이 청년을 고용을 증가시키면 1인당 최대 1,550만 원을 3년간 공제한다. 다만, 이 공제는 2026년부터는 2~3년 차에 더 높은 공제를 적용하는 방식으로 변경될 예정이다.

| 2025년 이전 신청분 | 2026년 이후 최초 신청분 |
|---|---|
| • 1차 공제 : 1명×1,550만 원=1,550만 원<br>• 2차 공제 : 1,550만 원<br>• 3차 공제 : 1,550만 원<br>• 계 : 4,650만 원<br>➡ 고용 감소 시 공제액 전액 추징 및 공제 중단 | • 1차 공제 : 1,000만 원<br>• 2차 공제 : 1,900만 원<br>• 3차 공제 : 2,000만 원<br>• 계 : 4,900만 원<br>➡ 고용 감소 시 고용 유지분에 대한 공제는 유지 |

### 03 이 사업자는 기계설비에 1억 원을 투자했다. 이 경우, 어떤 세제 혜택을 받을 수 있을까? 단, 공제율은 12%를 적용하기로 한다.

사례의 경우, 과밀억제권 밖에 소재한 중소기업에 해당하므로 투자

세액공제를 받을 수 있다. 따라서 투자액 1억 원에 12%(가정)를 적용하면 1,200만 원을 산출세액에서 공제받을 수 있다(단, 세액공제의 20%는 농특세로 납부해야 함).

**04** 통합 고용 세액공제와 통합 투자 세액공제는 중복해서 받을 수 있는가?

이 둘은 조특법 제127조(중복지원의 배제)를 적용받지 않는다. 따라서 중복적용을 받을 수 있다.

> **Tip 고소득 사업자의 3대 세액공제**
>
> **1. 연구개발비 세액공제**
> 기업부설 연구소나 연구개발 전담부서를 설치해 인건비 등 연구개발비를 지출했다면 지출액의 25% 이상을 공제받을 수 있다(조특법 제10조). 다만, 이 공제를 받기 위해서는 법에서 요구하는 요건을 충족해야 한다. 자세한 것은 4장에서 살펴본다.
>
> **2. 통합 투자 세액공제**
> 사업자가 기계장치 같은 사업용 유형자산(운영 리스나 중고품은 제외)에 투자한 경우, 투자 금액의 12% 정도를 산출세액에서 공제한다. 다만, 이 제도는 주로 과밀억제권 밖에 소재한 기업에 적용한다(조특법 제130조).
>
> ※ 과밀억제권 내의 투자에 대한 세액공제 적용 판단
>
> | 구분 | 1990.1.1 이후 사업 개시 | | 1989.12.31 이전 사업 개시 | |
> |---|---|---|---|---|
> | | 신규 증설 투자 | 대체 투자 | 신규 증설 투자 | 대체 투자 |
> | 일반기업 | × | × | × | ○* |
> | 중소기업 | ×(산업단지·공업지역○) | ○* | (산업단지·공업지역○) | ○* |
>
> * 과밀억제권 내에서는 대체 투자(기존 설비 대체품)만 투자 세액공제를 받을 수 있음.

## 3. 통합 고용 세액공제

고용을 증대시키면 1인당 연간 최대 1,550만 원을 받을 수 있다. 단, 이 공제는 2026년부터 다음과 같이 변경될 예정이다.

(단위 : 만 원)

| 1인당 공제액 | 중소기업 | | 중견기업** | 대기업** |
| --- | --- | --- | --- | --- |
| | 수도권 | 지방 | | |
| 우대(청년 등*) | 1,450(3년) →<br>700+1,600<br>+1,700(1~3년 차) | 1,550(3년) →<br>1,000+1,900<br>+2,000 | 800(3년) →<br>500+900+900 | 400(2년) →<br>300+500 |
| 기본 | 850(3년) →<br>400+900+1,000 | 950(3년) → 700<br>+1,200+1,300 | 450(3년) →<br>300+500+500 | - |

* 청년(15~34세), 장애인, 60세 이상, 경력단절 근로자 등을 말한다.
** 중견기업과 대기업은 최소 고용 증가 시 공제를 적용(중견기업 5명, 대기업은 10명)한다. 참고로 2026년부터 다음과 같은 안도 개정되어 시행될 예정이다.
 - 단기간 근로자 정의 및 상시근로자 수 계산 간소화 : 연간 월평균 근로시간이 60시간 이상인 근로자(현행 월별 근로시간 기준)를 상시근로자 판단 기준으로 보고 인별 연간 근로시간을 고려한 상시근로자 수 합계 방식으로 변경
 - 육아휴직 복귀자에 대하 추가공제(중소기업 1,300만 원)의 적용기한을 2026년 말로 연장

# 소득세 절세법 7 : 세액감면도 챙겨라

세액감면은 개인사업자가 당해 연도에 벌어들인 소득에 대해 일정 비율만큼 세금을 덜어주는 제도를 말한다. 예를 들어, 감면율이 50%면, 소득 1억 원이 발생한 사업자는 5,000만 원, 1,000만 원이 발생한 사업자는 500만 원을 감면받는다. 따라서 이 감면 제도는 소득이 높은 층에 유리한 제도라 할 수 있다. 다음에서 세액감면 제도에 대해 알아보자.

## 1. 세액감면

세액감면은 조특법에 규정되어 있으며, 특정 업종 영위 사업자에게 세금 일부나 전부를 낮추는 제도에 해당한다. 이에는 다음과 같은 것들이 있다.

- 창업중소기업 세액감면 → 음식점업 등 특정 업종 창업자에 대해 소득의 50~100%를 감면하는 제도
- 중소기업 특별세액감면 → 제조업(음식점업 제외) 등 특정 업종을 영

위하는 중소기업에 대해 5~30%를 감면하는 제도

※ **세액공제와 세액감면의 비교**

| 구분 | 세액공제 | 세액감면 |
| --- | --- | --- |
| 개념 | 산출세액에서 일정 금액을 직접 차감하는 제도 | 감면 요건에 해당 시 감면율을 적용해 세액을 감면하는 제도 |
| 적용 대상 | 요건을 충족하는 업종 | 좌동(세액공제보다 그 범위가 좁음) |
| 적용 방법 | 1인당 일정액 공제, 투자 금액×공제율(12% 등) | 감면소득×5~100% |
| 적용 한도 | 없음. | 한도 있는 경우가 많음(감면소득의 크기에 따라 감면세액이 달라지기 때문임). |
| 농특세 | 원칙적으로 과세함(공제세액의 20%). | 좌동(단, 중소기업 특별세액감면 등 일부는 비과세) |
| 최저한세 | 세액공제로 감면하더라도 최저한세 규정 준수 필요 | 좌동 |
| 이월공제 | 가능(연구개발비 세액공제 등 일부 항목은 이월해 다음 연도에 공제 가능) | 일반적으로 이월 개념 없음. 감면은 당해 연도 세액에만 적용 |
| 예시 | 연구개발비 세액공제, 통합 투자 또는 고용 세액공제 등 | 중소기업 특별세액감면 등 |

➲ 세액감면은 조특법상 중소기업 해당 여부, 적용 업종(조특법상 업종 열거 여부 확인 → 구체적인 범위는 통계청의 표준산업분류로 확인), 사업장 실질 소재지, 감면 지역 제한, 감면 한도 등 모든 사항이 중요하다.

## 2. 적용 사례

사례를 통해 위의 내용에 대해 알아보자.

〈자료〉
- 업종 : 제조업
- 소재 지역 : 경기도 안성시
- 수입금액 : 20억 원
- 필요경비 : 14억 9,000만 원
- 종합소득공제 : 1,000만 원

### 01 산출세액은 얼마인가?

과세표준은 5억 원(20억 원-14억 9,000만 원-1,000만 원)이고, 이에 40%의 세율과 2,594만 원의 누진공제를 차감하면, 1억 7,406만 원이 산출세액이 된다.

### 02 이 기업은 중소기업 특별세액감면을 받을 수 있는가?

중소기업 특별세액감면은 중소기업이 일정 요건을 충족하면 일정 비율만큼 세액을 감면해주는 제도다. 이 기업은 수도권 과밀억제권 밖에서 제조업을 영위하고 있으므로 20%의 감면율이 적용된다.*

* 감면율은 조특법 제7조에서 확인하기 바란다.

### 03 중소기업 특별세액감면을 받으면 감면세액의 20%인 농특세를 내야 하는가?

아니다. 농특세법 제4조 제3호에서는 창업중소기업 세액감면과 중소기업 특별세액감면에 대해서는 농특세 비과세를 적용한다(중소기업 보호).

## 04 이 기업의 최종 납부할 소득세는 얼마인가?

- 산출세액 : 1억 7,406만 원
- 세액감면 20% : 3,481만 원
- 결정세액 : 1억 3,925만 원

➡ 참고로 조특법상 세액공제나 감면을 받으면 최저한세*가 적용된다. 이로 인해 공제가 안 된 세액공제액은 10년간 이월공제가 된다.

> * 최저한세란 세법상 세액공제나 세액감면을 많이 받아 산출세액이 지나치게 적을 때도 일정 수준 이상 세금을 내도록 하는 제도에 해당한다. 통상 세액공제나 세액감면이 적용되기 전의 산출세액의 35~45%(산출세액 3,000만 원 이하는 35%) 상당액을 최저한세로 내야 한다. 사례의 경우 중소기업 특별세액감면을 받아 세액이 줄어들더라도, 최저한세 규정에 따라 감면 적용 후 산출된 세액이 최저한 세액(산출세액의 35% 또는 45%)에 미달하면, 그 차액만큼은 감면이 배제되어 실제로는 더 많은 세금을 납부해야 한다.

### Tip 창업중소기업 세액감면, 중소기업 특별세액감면의 비교

| 구분 | 창업중소기업 세액감면 | 중소기업 특별세액감면 |
|---|---|---|
| 대상 업종* | 창업 후 일정 기간(예 : 5년)인 중소기업, 일부 업종 제한 있음. | 중소기업 전체 대상(일반 제조업 등 대부분 해당. 매년 적용) |
| 감면율 | 보통 50~100% 감면(아래 참조) | 업종 및 기업 규모에 따라 5~30% 감면 |
| 감면 한도 | 없음. | 있음. |
| 농특세 | 면제 | 좌동 |
| 최저한세 적용 | 적용 | 좌동 |
| 이월공제 가능 여부 | 불가 | 좌동 |

* 프리랜서(인적용역)에 대한 세액감면상 문제점은 8장의 절세 탐구를 참조하기 바란다.

### ※ 창업중소기업 세액감면

| 구분 | 청년 | 비청년 |
|---|---|---|
| 수도권 과밀억제권 | 50% | 0% |
| 수도권 과밀억제권 밖 | 100%(최저한세 면제) | 50% |

# 소득세 절세법 8 : 사업자는 신고 방법에 유의하라

소득세 결정세액이 확정되었다면 중요한 작업이 끝났다고 할 수 있다. 다만, 이후의 과정에서 몇 가지 점검할 것들이 있다. 결정세액에서 반영되는 기납부세액과 가산세 등이 그렇다. 그리고 신고 방법과 납부 방법에 대해서도 몇 가지를 챙겨야 한다. 다음에서 정리해보자.

## 1. 소득세 신고 전후에 알아야 할 몇 가지

**첫째, 결정세액에 가감되는 제도들**

- 가산세 : 신고 지연, 납부 지연, 과소신고 등에 대해 부과되는 추가 세금을 말하며, 법 위반 시 페널티 성격으로 부과된다.
  - 예) 신고불성실가산세 : 10%(무신고 20%)
    납부지연가산세 : 일일 이자율 2.2/10,000

- 기납부세액 : 원천징수, 중간예납 등으로 이미 납부한 세액을 공제

하는 것을 말한다. 최종 신고 시 이미 낸 세액만큼 차감해서 납부 세액을 산출한다.

### 둘째, 신고 방법

소득세 신고는 일반신고와 성실신고로 이원화되어 있다.

※ **일반신고와 성실신고의 비교**

| 구분 | 일반신고 | 성실신고 |
|---|---|---|
| 대상자 | 대부분의 납세자 | 일정 규모* 이상의 사업자, 전문직 등 |
| 신고내용 | 소득 및 비용, 경비 등 기본 신고 내용 | 일반신고보다 상세하고 엄격한 신고 요구 (성실신고확인서 제출) |
| 신고기한 | 일반적으로 5월 31일 | 일반적으로 6월 30일 |

\* 도소매업 15억 원, 제조업·음식점업 7.5억 원, 서비스업 5억 원 기준

### 셋째, 납부 방법

소득세 납부는 일시납, 분납(1회는 신고 시, 2회는 2개월 이내)으로 구분된다. 만일 납부가 여의치 않으면 납기 연장을 신청할 수 있다.

➔ 납부가 어려운 경우, 세무서에 납기 연장을 신청할 수 있다(재산 압류 등 강제집행 방지 목적).

## 2. 적용 사례

사례를 통해 위의 내용을 확인해보자.

〈자료〉
- 소득세 산출세액 : 1억 원
- 원천징수세액 : 1,000만 원
- 중간예납세액 : 4,000만 원
- 성실신고세액공제 : 120만 원
- 정규영수증 미수취금액 : 5,000만 원
- 신고기한 : 20×6년 6월 30일

### 01. 사례에서 가산세는 얼마인가?

정규영수증 미수취금액(5,000만 원)이 있으므로 가산세 부과 대상이 된다. 현행 세법은 정규영수증 미수취 시 가산세율은 미수취금액의 2%가 적용된다.

- 가산세 = 5,000만 원×2% = 100만 원

### 02. 영수증을 미수취한 금액도 경비로 반영할 수 있는가?

당연하다. 물론 사업과 관련된 증명책임은 사업자 자신에게 있다. 경비로 반영하면 이에 대해서는 6~45%만큼 소득세가 줄어드나, 별도의 가산세(2%)가 발생한다.

### 03. 소득세 결정세액은?

이는 산출세액 1억 원에서 세액공제와 세액감면을 차감한 금액을 말한다. 세액공제는 성실신고세액공제 120만 원이 있다.

- 결정세액 = 1억 원-120만 원 = 9,880만 원

→ 성실신고세액공제는 성실신고 유도 등을 위해 시행되고 있는 제도에 해당한다(개인 120만 원, 법인 150만 원 한도).

### 03 소득세 납부할 세액은?

이는 결정세액에서 가산세를 더하고 기납부세액을 차감해 계산한다.

- 납부할 세액 = 9,880만 원+100만 원(가산세)-1,000만 원(원천징수세액)-4,000만 원(중간예납세액) = 4,980만 원

### 05 소득세의 납부 기한은? 그리고 분납은 얼마나 할 수 있는가?

- 납부 기한 : 신고기한인 20×6년 6월 30일까지
- 분납 가능 : 소득세 납부세액이 1,000만 원 초과 시 2회 분납 가능
  - 세액이 1,000만 원 이하 → 분납 불가(전액 기한 내 납부)
  - 세액이 1,000만 원 초과~2,000만 원 이하 → 1,000만 원 초과분만 분납 가능
  - 세액이 2,000만 원 초과 → 세액의 50% 이하 금액까지 분납 가능

### 06 사례에서의 지방소득세는 얼마인가? 그리고 지방소득세는 어떻게 신고 및 납부해야 하는가?

지방소득세는 소득세 결정세액의 10% 상당액이다. 따라서 사례의 소득세 결정세액은 9,880만 원이므로 이의 10%인 988만 원이 지방소득세에 해당한다. 이러한 지방소득세는 소득세 확정신고 시 함께 신고한다. 납부는 소득세와는 달리 다음과 같이 한다.

- 일시납 : 신고 시
- 분납 : 지방소득세 100만 원 초과 시 2회 분납
  - 세액이 100만 원 이하 → 분납 불가(전액 기한 내 납부)
  - 세액이 100만 원 초과~200만 원 이하 → 100만 원 초과분만 분납 가능
  - 세액이 200만 원 초과 → 세액의 50% 이하 금액까지 분납 가능

> **Tip 수정신고와 경정청구 하는 방법(연말정산 포함)**
>
> **1. 수정신고**(납세자가 스스로 잘못을 고칠 때)
> - 대상 : 이미 신고한 세액이 실제보다 적은 경우(과소신고, 누락)
> - 기한 : 세무 당국이 경정하기 전까지 수정신고 가능
> - 방법 : 홈택스 → 신고/납부 → [정기신고 → 수정신고] 메뉴에서 다시 신고
> - 효과 : 자진해서 신고하면 가산세 일부 감면(최대 90%까지)
>
> **2. 경정청구**(납세자가 더 낸 세금을 돌려받을 때)
> - 대상 : 이미 신고·납부한 세액이 실제보다 많은 경우(과다신고, 공제 누락 등)
> - 방법 : 홈택스 → 신고/납부 → [정기신고 → 경정청구] 메뉴에서 청구서 제출
> - 기한 : 법정신고기한 경과일부터 5년 이내 청구 가능
> - 효과 : 세무서에서 심사 후 환급세액 지급

# 소득세 절세법 9 : 4대 보험료도 제대로 파악하라

개인사업자는 본인에 대한 4대 보험료가 어떤 식으로 부과되는지를 정확히 아는 것이 중요하다. 4대 보험은 국민연금, 건강보험(장기요양보험 포함), 고용보험, 산재보험을 말한다. 다음에서 이에 대해 정리해보자. 참고로 근로자에 대한 4대 보험은 3장에서 살펴본다.

## 1. 개인사업자가 부담하는 4대 보험료

### 1) 근로자를 고용하지 않은 경우(지역 가입자)

근로자 1명도 없이 단독으로 사업하는 개인사업자의 4대 보험료 부담 관계는 다음과 같다(아래 부과 기준의 괄호안은 2026년 기준임).

| 보험 | 가입 여부 | 부과 기준 | 비고 |
|---|---|---|---|
| 국민연금 | 지역 가입 의무 | 사업소득×9%(9.5%) | 상한(월) : 57만 원<br>(637만 원×9%) |
| 건강보험 | 지역 가입 의무 | 사업소득×7.09%(7.19%)<br>+ 재산 기준 | 상한(월) : 450만 원<br>(소득+재산 점수) |

| 보험 | 가입 여부 | 부과 기준 | 비고 |
|---|---|---|---|
| 고용보험 | 자발적 가입 | 사업소득 기준 | 관할 공단에 문의 |
| 산재보험 | 자발적 가입 | 사업소득 기준 | |

### 2) 근로자를 1명 이상 고용한 경우(직장 가입자)

근로자를 1명 이상 고용하는 개인사업자의 4대 보험료 부담 관계는 다음과 같다.

| 보험 | 가입 여부 | 부과 기준 | 비고 |
|---|---|---|---|
| 국민연금 | 직장 가입 의무 | 사업소득×9%* | 월 상한 : 57만 원 (637만 원×9%) |
| 건강보험 | 직장 가입 의무 | 사업소득×7.09%** | 월 상한 : 450만 원 |
| 고용보험 | 자발적 가입 | 사업소득 기준 | 관할 공단에 문의 |
| 산재보험 | 자발적 가입 | 사업소득 기준 | |

\* 2033년까지 매년 0.5%P씩 인상 예정이다. 따라서 2026년은 9.5%가 적용된다.

\*\* 2026년에는 7.19%가 적용될 예정이다. 이와 함께 장기요양보험료율도 변경될 것으로 보인다.

> ➡ 건강보험의 경우 직장 가입자보다 지역 가입자의 부담이 더 크다. 후자는 재산에도 건보료가 나오기 때문이다.

## 2. 적용 사례

사례를 통해 위의 내용을 확인해보자.

### 01 개인사업자의 4대 보험 가입 의무는?

개인사업자는 직원 채용 여부에 따라 직장 가입과 지역 가입 의무로 양분된다.

- 직원 1명 이상을 고용한 경우 → 직장에서 국민연금, 건강보험 의무 가입(고용보험, 산재보험 선택 가입)
- 직원이 없는 경우 → 지역에서 국민연금, 건강보험 의무 가입(고용보험, 산재보험 선택 가입)

**02** Q1에서 직원에는 가족도 포함하는가?

그렇다. 다만, 위장 취업에 해당하는 경우에는 공단의 확인이 있을 수 있다.

**03** 개인사업자가 가입하는 국민연금과 건강보험의 부과 기준과 이에 대한 월 보험료의 상한액은 얼마인가?

이는 다음과 같이 요약된다(월 기준).

| 구분 | 부과 기준 | 건강보험료 | 국민연금보험료 |
| --- | --- | --- | --- |
| 직장 가입자 | 소득 | 월 450만 원 | 월 637만 원 × 9%(57만 원)* |
| 지역 가입자 | 소득이 없는 경우(재산) | 월 450만 원 | 가입 불가 (소득 무인 경우)** |
| | 소득이 있는 경우 (소득+재산) | 월 450만 원 | 월 637만 원 × 9%(57만 원) |

\* 직장인으로 직장 가입자는 본인과 회사가 각각 1/2씩 부담한다.

\*\* 임의가입이 가능하다. 공단에 문의하면 된다. 참고로 건강보험료의 예상액이 알고 싶다면 국민건강보험공단 홈페이지의 계산기를 활용하면 된다.

**04** 고소득 사업자의 건강보험은 지역 가입이 유리한가? 직장 가입이 유리한가?

직장에서 가입하는 것이 유리하다. 직장에서 가입하면 재산에 대해서 건보료를 내지 않아도 되기 때문이다. 참고로 법인에 대한 4대 보험료 부과는 6장을 참조하기 바란다.

**05** **개인사업자가 부담하는 국민연금과 건강보험 보험료는 비용 처리가 되는가?**

아니다. 국민연금은 소득공제로 처리하기 때문이다. 즉, 건강보험료만 비용으로 처리된다.

**절세 탐구** | 고소득 직장인 및 사업자의 연금상품과 절세 효과

종합소득세가 부담되는 직장인이나 사업자들은 여러 가지 절세 방안을 마련하게 되는데, 그중 대표적인 것이 바로 소득공제와 세액공제를 늘리는 것이다. 다음에서 연금상품에 대한 세제 혜택을 알아보자.

### 1. 소득공제 및 세액공제

주요 소득공제와 세액공제를 근로자와 사업자로 구분해 살펴보면 다음과 같다.

#### ① 소득공제
- 근로자, 사업자 공통 : 인적공제(기본공제 150만 원 등), 국민연금보험료공제(전액), 벤처 투자 소득공제(조건 등에 따라 한도 달라짐) 등
- 사업자 : 노란우산공제(200~600만 원) 등

#### ② 세액공제
- 근로자, 사업자 공통 : 자녀세액공제(25만 원 등), 연금계좌 세액공제(600만 원, 개인형 IRP 퇴직연금계좌 포함 시 900만 원에 12~15% 공제) 등
- 사업자 : 통합 고용 세액공제(2026년 이후 1,000~2,000만 원), 통합 투자 세액공제(투자 금액의 12%) 등

### 2. 연금상품과 세제 혜택

직장인과 사업자들이 활용할 수 있는 연금상품에는 크게 국민연금, 퇴직연금(IRP 포함)과 개인연금(연금저축), 노란우산공제 등이 있다.

### 첫째, 국민연금(직장인·사업자 공통)

국민연금 납입액에 대해서는 전액 소득공제가 적용된다. 따라서 납입한 금액에 대해 본인에게 적용되는 세율을 곱하면 절세 효과를 얻을 수 있다. 예를 들어, 2026년에 납입한 금액이 500만 원이고 적용되는 세율이 40%라면, 200만 원(지방소득세 포함 시 220만 원)의 절세 효과가 발생한다.

➡ 적용받은 소득세율이 높다면, 추후 납부(추납) 제도를 활용하면 좋을 것으로 보인다. 이 제도는 실직이나 사업 중단 등으로 납부 예외를 받은 기간에 해당하는 보험료를 현재 시점에서 추가로 납부하는 것을 말한다. 참고로 국민연금 수령 시에는 3~5% 정도의 연금소득세가 발생하므로 세금은 걱정하지 않아도 된다.

### 둘째, 퇴직연금과 개인연금(직장인·사업자 공통)

사업자도 노후 대비를 위해 개인형 퇴직연금(IRP)과 연금저축에 가입할 수 있다. 세법은 이 2가지 연금상품에 납입한 경우, 연금계좌 세액공제를 적용하며, 향후 연금을 받을 때 연금소득세(3~5%)로 과세하게 된다.

※ **연금계좌 세액공제**

| 구분 | 공제 한도 | 세액공제율 |
|---|---|---|
| 연금저축 | 600만 원 | • 15%(16.5%) : 근로소득 5,500만 원(종합소득금액 4,500만 원 이하) |
| IRP 퇴직연금 | 900만 원(연금저축 포함) | • 12%(13.2%) : 위 소득 초과분 |

연금계좌는 2가지를 동시에 운영할 수 있는데, 연금저축만 가입하면 한도는 600만 원, IRP 계좌만 운영하거나 연금저축과 동시에 운영하면 900만 원이 한도가 된다. 이때 소득자에게 16.5%만큼 공제율이 적용된다면 148만 원(13.2%는 120만 원) 정도의 세금을 적게 내게 된다.

➡ IRP와 연금저축으로 매년 900만 원씩 10년을 납입하면 원금은 9,000만 원이 되고 여기에 수익률 3%를 적용하면, 원리금은 1억 원가량이 된다. 여기에 매년 절세 효과를 더하면 노후 상품으로 안성맞춤이 된다.

**셋째, 노란우산공제**(사업자)

소상공인(프리랜서 포함)과 법인의 대표이사가 가입할 수 있는 제도로, 폐업이나 사망, 법인 대표자 퇴임(질병·부상), 노령(만 60세 이상, 10년 이상 납입) 등의 사유 발생 시 일정액을 받을 수 있는 제도다. 이 상품은 10년 이상 납입한 60세 이상은 분할 수령이 가능하고, 개인형 퇴직연금계좌(IRP)로 이체해 연금을 받을 수 있다. 한편, 이 공제가입액에 대해서는 200~600만 원 한도 내에서 소득공제가 적용된다.

## 3. 적용 사례

K씨는 24%가 적용되는 직장인으로 다음과 같이 연금을 받을 것으로 예상한다.

〈자료〉
- 국민연금 : 매월 100만 원 수령(63~65세 이후부터 사망 시까지 수령, 국민연금공단에서 모의계산 가능)
- 개인연금(연금저축) : 매월 200만 원 수령(55세 이후 10년간 수령)

**01 국민연금과 개인연금을 납입할 때 어떤 혜택이 있는가?**

국민연금은 소득공제, 개인연금 연금저축은 세액공제의 혜택이 있다.

### 02 이 소득을 지급받을 때 과세 방식은?

국민연금소득은 일차로 공단에서 연말정산을 하고 다른 소득과 합산해 5월에 종합과세가 적용된다. 한편 개인연금은 수령 시 3~5%로 원천징수되고, 연금수령액이 연간 1,500만 원을 초과하면, 종합과세와 15% 분리과세 중 하나를 선택하면 된다.

→ 사례의 경우, 종합과세가 유리한지 15% 분리과세가 유리한지 아닌지는 불분명하다. 종합소득공제 등의 금액에 따라 세액이 달라지기 때문이다.

### 03 K씨가 납부 예외 기간의 국민연금 500만 원을 추납한다고 하자. 이 경우, 얼마의 세금 혜택을 받을 수 있는가?

500만 원의 24%(26.4%)인 120만 원(132만 원)을 줄일 수 있다.

### 04 연금저축도 늘릴 수 있는가?

그렇다. 매년 600만 원을 한도로 세액공제를 적용하기 때문이다. 만일 IRP 계좌에 추가로 입금하면 300만 원(합해서 900만 원)의 한도가 늘어나게 된다.

### 05 K씨가 사업자라면 국민연금과 개인연금에 대한 세제 지원과 과세 방식은 같은가?

그렇다. 노후 대비와 관련된 다양한 세무상 쟁점은 저자의 《늦어도 50에 시작하는 세금 공부》를 참조하기 바란다.

## Tip 근로소득자와 개인사업자의 세금 정산구조

| 구분 | 근로소득자 | 개인사업자 |
|---|---|---|
| 수입 | 총급여 | 총수입 |
| 비용 | 근로소득공제(법정) | 필요경비(일반과세는 부가세 환급)* |
| 소득금액 | 총급여-근로소득공제 | 총수입-필요경비(건보료 포함) |
| 세율 | 6~45% | 6~45% |
| 소득공제 | 기본공제, 국민연금, 건보료, 주택자금, 신용카드*, 벤처 투자 관련 소득공제 | 기본공제, 국민연금, 노란우산공제, 벤처 투자 관련 소득공제 |
| 세액공제 | 자녀, 보험료, 의료비, 교육비, 연금계좌 관련 세액공제 | 자녀, 연금계좌, 고용, 투자, 연구개발 관련 세액공제 |
| 세액감면 | 없음. | 중소기업 세액감면 등 |
| 세금 정산 신고 방법 | 연말정산(회사) | 종합소득세(본인) |

* 개인사업자가 근로소득자와 비교하면 세금 구조가 유리한 것은 바로 필요경비의 처리에 있다. 근로소득자는 아무리 카드를 많이 써도 신용카드 소득공제 한도(250~300만 원 내외)에 걸리지만, 개인사업자는 그렇지 않기 때문이다. 심지어 개인사업자 중 일반과세자는 지출한 금액의 10%인 부가세를 환급받기도 한다. 이러한 점에서 세금 정산구조는 개인사업자가 훨씬 유리하다고 볼 수 있다.

제 **3** 장

# 필요경비 활용으로
# 소득세 부담 줄이기

# 필요경비를 장부에 반영하는 기준

고소득 사업자들이 알아두면 좋을 필요경비에 대해 좀 더 세부적으로 알아보자. 필요경비는 사업에 필수적인 비용으로, 이의 크기는 과세소득의 크기를 결정하게 되고, 궁극적으로 세금에 영향을 주기 때문에 상당히 중요한 항목에 해당한다. 다만, 이의 계상을 둘러싸고 다양한 쟁점이 발생하므로 정확한 기준을 세워 업무 처리를 해야 한다. 다음에서 필요경비를 장부에 반영하는 기준부터 살펴보자.

## 1. 필요경비를 장부에 반영하는 기준

### 1) 업무 관련성

지출이 사업과 직접적인 관련이 있어야 한다. 예를 들면, 원재료 구입비, 직원 급여, 광고선전비 등이 이에 해당한다.

➔ 사적 소비나 가족 생활비는 업무 관련성이 없으므로 비용이 불인정된다.

## 2) 소득세법상 열거 여부

소득세법 및 시행령·시행규칙에서 필요경비로 인정하는 항목이어야 한다. 예를 들어 복리후생의 목적으로 지출을 한 경우, 비용으로 처리하기 위해서는 그와 관련된 근거가 법령에 있어야 한다.

➡ 세법상 열거되지 않은 지출은 업무 관련성이 있더라도 원칙적으로 필요경비 불인정된다. 이 부분을 명확하게 이해하는 것이 중요하다.

## 3) 적격증빙에 의한 입증

세법상 인정되는 정규영수증(세금계산서, 계산서, 신용카드 매출전표, 현금영수증 등)으로 지출 사실을 증명해야 한다. 증빙이 없거나 간이영수증만 있는 경우, 원칙적으로 필요경비에서 제외된다. 다만, 기타 서류에 의해 지출 사실이 확인되면 필요경비로 처리할 수 있다(단, 증빙 미수취에 따른 가산세는 있음).

## 2. 적용 사례

사례를 통해 위의 내용을 확인해보자.

### 01 경비 처리 시 업무 관련성이 중요하다. 이에 대한 세법상 판단 기준은 무엇인가?

- 세법상 원칙 : 필요경비(법인은 손금)에 산입하려면 해당 지출이 사업을 위해 직접 필요하고, 수익과 직접 관련이 있어야 한다.
- 경비 처리 판단 기준
  - 객관성 : 거래명세서, 계약서, 영수증 등 증빙이 존재하는가?

- 필요성 : 사업 수행에 필수적인 지출인가?
- 상당성 : 정상적인 범위를 넘어선 과다·사치성 여부는 없는가?
- 인과관계 : 해당 비용이 수익 창출, 또는 유지와 직접 연결되는가?

### 02 개인사업자가 환경미화를 위해 미술품을 구입해 비치한 경우, 비용 처리가 안 된다고 한다. 왜 그런가?

소득세법에서 이에 대해 열거를 하고 있지 않기 때문이다. 다만, 실무적으로 논란이 있는 부분이므로 저자와 상의하면 좋을 것으로 보인다.

※ **미술품 세무 실무처리**

| 항목 | 법인 | 개인사업자 |
| --- | --- | --- |
| 1,000만 원 이하 미술품 | 당기 비용으로 처리 가능 | 비용 처리 불가 |
| 1,000만 원 초과 미술품 | 자산으로만 처리 | 업무무관자산 |

### 03 가수가 고가의 의상비를 지출한 경우, 비용 처리가 되는가?

개인이 직접 무대·촬영을 위한 전용 의상은 비용 처리가 되나, 일상복 겸용 가능한 의상은 불인정될 가능성이 크다.

➔ 따라서, 가능하다면 '무대·촬영용으로만 사용'한다는 점을 입증할 자료(계약서, 사진, 관리 장부 등)를 갖추는 것이 중요하다. 한편 소속사에서 구입한 의상비는 소속사의 비용으로 처리하는 것이 원칙이다.

### 04 배우자 소유인 사업장을 임차해 임차료를 지급하면 문제는 없는가?

배우자가 임대인이라도 정상적인 임대차계약과 시가 수준이면 문제가 없다. 다만, 시가 초과분은 필요경비 불인정하며, 배우자에 대한 증여세 과세의 가능성이 있다. 따라서 이러한 문제를 없애려면 미리 감정평가서, 인근 시세 자료 등이 필요하다.

### 05 사업자가 지출하는 승용차 리스료는 전액 비용 처리가 가능한가?

가능하지 않다. 업무용 승용차 관련 규정이 적용되기 때문이다. 운행기록부 미작성 시 연 1,500만 원 한도(리스료·보험료·감가상각비 등 합산) 내에서 비용 처리가 되며, 운행기록부 작성 시 업무 사용 비율만큼 비용 처리가 가능하다(4장 참조).

→ 리스 차량도 업무용 승용차 규제 관련 규정이 적용됨에 유의해야 한다.

### 06 동창회에서 사용한 비용 100만 원은 접대비로 처리 가능한가?

불가능하다. 접대비는 거래처·사업 관련자를 대상으로 한 지출만 해당하기 때문이다. 다만, 동창 모임이면서 동시에 업무 협의 등의 목적도 있을 수 있어 이 경우 접대비로 처리한다.

### 07 외주 용역비에 대한 증빙이 없으면 비용 처리가 아예 불가능한가?

원칙적으로 불가능하다. 정규증빙(세금계산서, 계산서, 신용카드전표, 현금영수증)이 없으면 필요경비로 인정되지 않기 때문이다. 다만, 지급 사실을 계좌이체·계약서로 입증 및 지급명세서 제출 시 인정될 수 있다. 이때 가산세 2%는 피할 수 없다.

### Tip 영수증을 받지 못할 때의 조치법

사업자가 세금계산서, 계산서, 신용카드 매출전표, 현금영수증 등 정규영수증을 수취하지 않으면 미수취금액의 2%를 증빙불비가산세로 부과한다. 다만, 이러한 가산세가 부과되더라도 지출 근거가 확인되면 필요경비로는 인정이 된다. 따라서 부득이하게 적격영수증을 확보하지 못한 경우라도, 다음과 같은 지침을 준수해 비용이라도 인정받도록 하자.

- 거래명세서와 지출 근거를 확보한다.
- 거래명세서가 없다면 지출기록을 한다. 언제 누구에게 어떤 물건을 사들였는지 일자 별로 정리해두는 것도 하나의 요령이다.
- 사업용 계좌를 적극적으로 이용한다. 사업용 계좌에서 인터넷 뱅킹 등으로 송금하면 해당 금액은 원가(또는 비용)로 인정받을 수 있다.
- 매입자 발행세금계산서 제도를 활용한다. 이는 공급자가 세금계산서를 발행하지 않을 때 매입자가 대신 세금계산서를 발행할 수 있는 제도를 말한다.

➲ 인적용역(대진의 등)에 대해서는 3.3%를 원천징수를 이행해야 하는데, 이를 이행하지 않고 가산세(원천징수 불이행가산세+지급명세서 미제출 가산세)를 부담하면 경비 처리를 할 수 있다.

# 국세청이 인정하지 않는 필요경비 3가지

실무에서 보면, 세법상 필요경비로 인정되는지, 안 되는지 이를 명확히 구분하는 것이 잘 안 되는 경우가 많다. 업무와 관련성이 있는지, 없는지 구분이 힘들고, 업무와의 관련성이 입증되더라도 과다경비인지, 아닌지 이와 관련된 판단이 힘들기 때문이다. 그래서 필요경비를 장부에 계상할 때 국세청이 절대 인정하지 않는 필요경비의 범위를 살펴보는 것도 의미가 있다. 다음에서 이에 대해 알아보자.

## 1. 국세청이 절대 비용으로 인정하지 않는 것들

### 1) 가족 인건비 중 형식적 지급분

배우자, 자녀, 부모 등 특수관계인에게 실제 근무가 없거나 업무 기여도가 미미함에도 급여를 지급하면 이를 적극적으로 부인하는 경우가 많다.

⊃ 가족의 급여를 인정받으려면 근로계약서, 출퇴근 기록, 업무분장표, 급여 지급 증빙(이체 내역)을 반드시 갖춰두도록 한다.

### 2) 사적 경비(개인적 소비성 지출)

사업과 무관한 개인 생활비나 사적 취미, 가족 여행비, 사치품 구입비 등은 업무와의 관련성이 현저히 떨어지므로 비용으로 인정하지 않는다.

⊃ 사적 경비 중 고액 지출은 사업자카드로 결제하지 않는 한편, 장부에도 반영하지 않도록 해야 한다. 사업자카드로 사용한 내역은 국세청이 실시간으로 파악할 수 있으므로 세무상 위험을 증가시키기 때문이다.

### 3) 이중·허위 증빙 경비

실제 거래가 없는데 가짜 세금계산서, 허위 영수증, 이중계상 등으로 필요경비를 늘리는 경우가 있다. 이러한 행위가 적발되면 무조건 세금 추징을 하므로 사전에 유의해야 한다.

**※ 경비로 인정되지 않은 3대 유형**

| 유형 | 설명 | 불인정 사유 | 실무 대처 |
| --- | --- | --- | --- |
| • 가족 인건비 | 실제 근무 없는 가족 급여 | 업무 관련성 결여 | 근로계약·출근기록·업무 성과 |
| • 사적 경비 | 생활비·사치품·가족 여행 | 업무무관 | 사업용 카드 사용 제외, 소액 지출 등 |
| • 허위 증빙 | 가짜 세금계산서·허위 영수증 | 실거래 부인·조세범 처벌 | 정상 증빙·거래 입증 자료 |

⊃ 이외에 각종 범칙금과 과태료 등도 필요경비로 절대 인정하지 않는다.

## 2. 적용 사례

사례를 통해 앞의 내용을 확인해보자.

### 01 가족의 인건비도 필요경비에 해당하는가?

그렇다. 다만, 가족도 실제로 근무하고, 그 업무와 대가가 합리적으로 인정되면 필요경비로 인정된다.

➔ 가족 간 급여는 세무 조사에서 집중 확인 대상이므로 실질적 업무 수행 증빙을 갖추는 것이 핵심이다. 이때 지급 사실 입증 자료(근로계약서, 급여 대장, 4대 보험 가입 등)가 필요하다.

### 02 사업자의 가족과 해외여행을 가면서 1,000만 원을 지출했다. 필요경비로 인정되는가?

업무와 무관한 경비에 해당하므로 필요경비에서 제외한다.

### 03 매입비 1,000만 원을 카드로 결제하면서 세금계산서를 별도로 받았다. 이후 매입비를 2,000만 원으로 장부에 이중계상했다. 어떤 과정을 거쳐 국세청에 의해 적발될까?

카드결제 내역(1,000만 원)과 전자세금계산서 발급 내역이 국세청에 실시간 자동 전송되면서 AI를 통해 자동으로 이러한 행위를 적발한다. 참고로 거래처별로 정규영수증의 금액과 실제 결제금액을 눈으로 비교하는 식으로 이를 확인하는 경우도 있다.

### 04 고소득 사업자들은 필요경비 처리 시 어떤 점에 유의해야 하는가?

현재 AI는 증빙의 진위와 업무 관련성을 전방위적으로 자동 검증하는 방향으로 진화 중이다. 그 결과, AI가 영수증·계좌·거래 품목까지 분석해 '업무 관련성 없는 지출'을 실시간으로 걸러낼 것으로 보인다. 납세자로서는 허위·과다계상 사실이 AI에 의해 즉시 노출될 위험이 커진다. 따라서 모든 경비는 정직하게 처리하고, 객관적 증빙을 철저히 관리해야 할 것으로 보인다.

# 인건비와 관련해 점검해야 할 것들

고소득 사업자들이 가족이나 직원들을 고용할 때 몇 가지 점검할 것들이 있다. 다음에서 이에 대해 알아보자.

## 1. 인건비와 관련해 몇 가지 점검해야 할 것들

**첫째, 직원을 채용하면 급여와 퇴직금, 그리고 4대 보험료를 지출해야 한다.**

급여는 최저임금 이상이 지급되어야 하며, 5인 미만 사업장에 해당하더라도 퇴직금 지급 의무가 있다. 법정 퇴직금의 경우 계속근로연수 매 1년에 대해 평균임금 30일분을 보장하게 되어 있기 때문이다. 한편 급여 지급 시 아래와 같이 4대 보험료도 부담해야 한다.

| 구분 | 사업주 부담 | 본인 부담 | 합계 |
|---|---|---|---|
| 건강보험료 | 보수월액의 3.545% | 좌동 | 7.09%(2025년)* |
| 장기요양보험료 | 0.4591% | 좌동 | 0.9182% |
| 국민연금보험료 | 기준 보수월액의 4.5% | 좌동 | 9.0%** |

| 구분 | 사업주 부담 | 본인 부담 | 합계 |
|---|---|---|---|
| 고용보험료(150인 미만) | 총임금의 0.9% | 좌동 | 1.8% |
| 산재보험료 | 1.47%(평균) | - | 1.47% |
| 계 | 10.8741% 이상 | 9.4041% | 20.2782% |

\* 월 상한 건강보험료는 월 900만 원 정도가 된다(이를 회사와 본인의 1/2씩 부담. 2025년 기준).
\*\* 월 상한 국민연금보험료는 월 57만 원 정도가 된다(이를 회사와 본인의 1/2씩 부담. 2025년 기준).

### 둘째, 가족은 동일직급 직원과 형평성에 맞게 지급되어야 한다.

가족을 직원으로 채용한 경우에는 업계의 평균으로 책정하는 것이 바람직하다. 사업자의 소득을 부당하게 유출하는 것으로 판정되면 급여 중 일부를 비용으로 인정하지 않기 때문이다(부당행위계산). 특히 배우자나 직계비속 등에게 고액으로 인건비를 지급하는 경우에는 이에 대한 세무 당국의 사후검증이 뒤따를 수 있다는 점에 유의해야 한다.

### 셋째, 세제 지원 제도를 알아둬야 한다.

직원을 고용하면 다양한 세제 지원을 받을 수 있다. 이에는 다음과 같은 것들이 있다. 그런데 이러한 공제를 적용할 때에는 사업자와 특수관계에 있는 가족은 제외되는 경우가 많다. 따라서 지원의 범위에 대해서는 미리 확인해두는 것이 좋다.

- 통합 고용 세액공제 : 상시근로자 수 증가분에 대해 인당 최대 2,000만 원까지 공제할 수 있다(청년·장애인·고령자 가산).
- 인력개발·직업훈련비 세액공제 : 사내 교육 비용 일부 세액공제가 가능하다.

➲ 이외 근로기준법(서면 해고 등)을 준수해야 한다. 이를 위반하면 과태료가 나올 수 있다.

## 2. 적용 사례

사례를 통해 위의 내용을 확인해보자.

〈자료〉
- 당기순이익 : 5억 원
- 다음 연도부터 가족을 채용할 예정임. 연봉은 5,000만 원 정도가 됨.

**01** 가족을 채용하기 전의 소득세는 얼마나 예상되는가?

5억 원에 40%(누진공제 2,594만 원)를 적용하면 1억 7,406만 원의 산출세액이 예상된다.

**02** 가족을 채용하면 소득세는 얼마나 예상되는가?

당기순이익이 1억 원 줄어든 4억 원에 40%(2,594만 원)를 적용하면 1억 3,406만 원이 된다. 약 4,000만 원이 줄어든다.

**03** Q2처럼 소득세는 줄어들지만, 채용에 따른 지출액도 무시할 수 없다. 어떤 지출이 있을까?

4대 보험료(대략 급여의 20% 선)가 있고 근로소득세가 있다. 따라서 가족에 대한 급여 지급 의사결정은 다음의 기준에 따라 행해져야 한다.

- 소득세 절세금액 > 4대 보험료와 근로소득세 지출합계액 → 적극적으로 급여 계상
- 소득세 절세금액 < 4대 보험료와 근로소득세 지출합계액 → 소극

적으로 급여 계상

➡ 일반적으로 고소득 사업자군에서 급여 계상의 효과가 크게 발생한다.

### 04 실제 근무하는 가족에게 급여 지급 시 한도 제한은 없는가?

원칙적으로 없다. 그러나 세무 조사 시 시가(동종 업종·유사 경력자의 급여 수준)를 초과하면 과다분을 필요경비에서 제외하는 경우가 많다.

➡ 객관적 급여 수준과 비교한 내부 자료 보관이 필요하다.

### 05 가족을 채용하면 고용 세액공제 등을 받을 수 있는가?

아니다. 가족은 조특법에서 정하고 있는 통합 고용 세액공제 같은 제도를 적용받을 수 없다.

> **Tip  가족 고용 시 세무상 주의할 점**
> - 실제 근무함을 입증해야 한다.
> - 실제 근무가 입증되지 않으면 직원 자격이 박탈되어 세금이 증가하고 건강보험의 경우 직장 가입자가 지역 가입자로 전환될 수 있다.
> - 급여 수준이 적절해야 한다.
> - 출산지원금에 대한 비용 처리 및 근로소득세는 비과세가 적용될 수 있다(이에 대해서는 뒤에서 분석한다).
> - 고용 세액공제에서는 가족 제외, 연구개발비 세액공제에는 포함한다.
> - 소규모 성실신고법인 판단 시 상시근로자 수에는 가족이 미포함된다.

# 성과급 대
# 퇴직연금의 결정

고소득 사업자가 직원들에게 성과급을 지급하는 경우가 있다. 성과가 좋은 직원들에게 일종의 보너스를 지급하는 차원에서 그렇다. 그런데 성과급을 지급할 때 늘 따라다니는 4대 보험료 등 때문에 이를 비용으로 처리하는 경우가 있다. 이때는 성과급 대신 퇴직연금으로 처리하면 이러한 상황에서 대안이 될 수 있는데, 다음에서 이에 대해 알아보자.

## 1. 성과급과 퇴직연금의 비교

성과급은 근로소득의 일종으로 사업자로서는 전액 비용 처리가 되는 한편 4대 보험료 중 1/2을 부담해야 한다. 한편 퇴직연금도 전액 비용 처리가 되나, 4대 보험료는 발생하지 않는다. 이 둘의 제도를 비교하면 다음과 같다.

| 구분 | 성과급(일시 보너스) | 퇴직연금(퇴직급여 적립·지급) |
|---|---|---|
| 비용 처리 시점 | 지급 시점에 전액 손금(필요경비) 인정 | 확정급여형(DB)·확정기여형(DC) 등 퇴직연금 규정에 따라 적립분을 매년 비용 인정 |
| 4대 보험 부과 여부 | 전액 근로소득에 포함 → 국민연금·건강보험·고용보험·산재보험 부과 | 지급 시점(퇴직 시점)에 퇴직소득으로 분류 → 4대 보험 부과 없음. |
| 소득자의 세금 부담 | 지급 연도의 근로소득에 합산 → 종합소득세율(최대 45%) 적용, 누진세 부담↑ | 퇴직소득세 별도 계산 → 근속연수공제 적용, 분리과세(평균세율)로 부담 완화 |
| 근로자 입장에서의 유리 점 | 바로 현금 수령 가능 | 세금 부담 낮음, 노후자금 마련 가능, 강제적 장기저축 효과 |
| 사업자 입장에서의 유리 점 | 즉시 사기 진작 가능, 지급 시 비용 처리 간단 | 장기근속 유도, 세 부담 완화, 4대 보험 부담 없음. |
| 유의 사항 | 고액 성과급 시 근로자 세 부담 과중·건보료 증가 | 퇴직연금 규정·규약 마련 필요, 중도 인출 제한 |

## 2. 적용 사례

사례를 통해 위의 내용을 확인해보자.

〈자료〉
- 지급금액 : 3,000만 원
- 사업자가 부담하는 4대 보험료율 : 9%
- 사업자의 소득세율 : 45%

**01** 이 금액을 성과급으로 지급하면 소득세가 얼마나 줄어들까?

성과급인 3,000만 원과 사업자가 부담하는 4대 보험료(270만 원)의 합계액에 대해 45%를 곱하면 이 금액을 알 수 있다. 지방소득세는 고려하지 않는다.

- 소득세 절세 효과 : 3,270만 원×45% = 1,471만 원

**02** 성과급으로 처리하면 사업자의 관점에서 순 현금 지출금액은?

- 순 현금 지출금액 : 3,270만 원-1,471만 원(지방소득세 제외) = 1,799만 원

**03** 만약 위 금액을 퇴직연금으로 처리하면 소득세는 얼마나 줄어들까?

- 소득세 절세 효과 : 3,000만 원×45% = 1,350만 원

**04** 퇴직연금으로 처리하는 사업자의 관점에서 순 현금 지출금액은?

- 순 현금 지출금액 : 3,000만 원-1,350만 원(지방소득세 제외) = 1,650만 원

**05** 성과급과 퇴직연금 중 어느 쪽이 사업자의 관점에서 더 나은 결과가 되는가?

퇴직연금이다. 4대 보험료가 발생하지 않기 때문이다.

**06** 성과급과 퇴직연금 중 어느 쪽이 근로자의 관점에서 더 나은 결과가 되는가?

| 구분 | 성과급(일시 지급) | 퇴직연금(퇴직 시 일시 지급) |
|---|---|---|
| 총 지급액 | 3,000만 원 | 3,000만 원 |
| 근로소득세(20%)* | 600만 원 | - |
| 퇴직소득세(10%)* | - | 300만 원 |
| 4대 보험료(9%)* | 270만 원 | - |
| 근로자 실수령액(세후-4대 보험) | 2,130만 원 | 2,700만 원 |

* 가정함.

**07** 위와 같이 성과급을 퇴직연금으로 처리하면 법률상 문제가 없을까?

### ① 근로기준법 측면

퇴직급여는 근로자퇴직급여 보장법에 따라 퇴직 시점의 계속근로 기간·평균임금을 기준으로 산정해야 한다. 따라서 성과급(일시적·경영성과 보상)을 퇴직급여로 전환해 적립하는 것은 원칙적으로는 제도 취지에 맞지 않는다. 다만, 취업규칙 등에서 '퇴직급여 산정 시 성과급을 포함한다'라는 규정이 있다면 가능하다.

### ② 세법 측면

퇴직급여로 인정받으려면 반드시 퇴직연금 규약에 명시되어 있어야 하고, 통상임금 또는 상여금과 성격 구분이 분명해야 한다. 성과급을 억지로 퇴직연금에 넣으면 퇴직소득세 과세 요건을 충족하지 못해, 나중에 근로소득세(종합과세)로 재분류될 수 있다.

# 근로자에 대한 네트급여 신고와 쟁점

　고소득 사업자의 소득세에서 가장 많은 쟁점이 발생한 것 중의 하나가 바로 인건비와 관련된 것이다. 정상적인 근로계약이 아닌 변형된 형태로 급여가 지급되는 경우가 많기 때문이다. 대표적인 것이 바로 급여를 네트급여로 지급하는 경우가 그렇다. 다음에서 이에 대한 세무상 쟁점 등을 정리해보자.

## 1. 고소득 사업자의 네트(net)급여 신고와 세무상 쟁점

　네트급여란, 근로자가 부담해야 할 근로소득세와 4대 보험료를 제외한 실지급액만을 받기로 한 방식을 말한다. 예를 들어, 월 네트급여 1,000만 원을 지급하기로 약정하면, 원천세와 4대 보험료를 역산해 총급여(총지급액)를 산출하고, 이를 국세청 등에 신고하게 된다. 이러한 방식이 병·의원 등에서 광범위하게 적용되고 있는데, 이와 관련된 문제점은 다음과 같다.

- 네트급여만 약정해 신고 시 경비 산출이 어렵다.
- 사업자는 예상보다 세금·보험료 부담이 커질 수 있다.
- 세금 신고와 납부가 복잡해져 세무 리스크가 증가한다.
- 세무 조사 시 초과 지출에 대한 입증이 힘들 수 있다.

## 2. 적용 사례

사례를 통해 위의 내용을 확인해보자. K병·의원에서는 한 근로자에 대해 다음과 같이 급여 지급을 계획하고 있다.

〈자료〉
- 네트급여 : 월 2,000만 원
- 퇴직금 : 없음.

**01** 연간 지급해야 할 네트급여는 얼마인가?

월 2,000만 원이므로 연간 2억 4,000만 원이 된다.

**02** K병·의원에서 2억 4,000만 원으로 신고하면 어떤 문제점이 있는가?

이렇게 하면 급여 과소신고가 된다. 그 결과, 세무 조사 등에 의해 과소신고 사실이 적발되면 다음과 같은 효과가 발생한다.

- 과소신고분은 비용으로 인정받을 수 있다.
- 과소신고분에 대해서는 근로소득세가 추가되는 한편 4대 보험료도 추가될 수 있다.

- 근로소득 지급명세서 과소신고분에 따른 가산세가 부과될 수 있다. 지급금액의 1% 선이다.

### 03  K병·의원이 네트급여가 아닌 그로스 급여(총급여)에 맞춰 신고해야 할 금액은 얼마인가?

실지급액이 월 2,000만 원이므로 이를 공제 전의 급여로 환산해 신고해야 한다. 이를 정확히 계산하기 위해서는 4대 보험료와 근로소득세를 알아야 한다. 예를 들어, 4대 보험료율이 위 급여의 4%(상한 보험료 고려)이고, 근로소득세가 6%로 원천징수된다면 다음과 같이 총급여액이 결정된다.

$$총급여 = \frac{네트급여}{1-(4대\ 보험료율+원천징수세율)} = \frac{20,000,000원}{1-(0.04+0.06)}$$

$$= 22,222,222원$$

➡ 실무에서 보면 총급여를 정확히 계상하는 것은 힘든 경우가 많다. 원천징수세액이 급여액과 공제 인원에 따라 달라지기 때문이다. 그래서 위와 같이 대략 계산해 신고한 후 차액을 현금으로 보전하는 방식을 사용하고 있다.

### 04  퇴직금에 대해서는 별도로 약정하지 않으면 근로기준법상 문제는 없는가?

퇴직금은 근로기준법상 1년 이상 근속 시 지급 의무가 있다. 따라서 퇴직금 없음이라고 계약하더라도 이는 법적인 효력이 없으며, 근로기준법 강행규정 위반이기 때문에 나중에 근로자가 청구하면 지급해야 한다.

**05** 네트급여 수령자가 중도에 퇴사했다. 그런데 퇴직자가 중도에 사업을 시작했다. 이 경우, 사업에서 손실이 발생한 경우와 이익이 발생한 경우 K병·의원은 어떤 식으로 세 부담을 해야 하는가?

K병·의원은 퇴직 전까지만 근로소득세를 부담하면 되므로, 그 이후에 발생한 세금에 대해서는 원칙적으로 책임을 지지 않는다. 퇴직자의 관점에서는 다음과 같은 효과가 발생한다.

- 사업손실이 발생한 경우 → 다음 해 종합소득세 신고 시 근로소득과 사업손실을 통산하므로, 이 경우 근로소득세 중 일부를 환급받을 수 있다.
- 사업이익이 발생한 경우 → 다음 해 종합소득세 신고 시 근로소득과 사업이익을 합산하므로, 이 경우 종합소득세가 늘어나게 된다.

**06** 이 사례를 통해 알 수 있는 교훈은 무엇인가?

네트급여 지급 관행은 사업자의 사업장 경영에 불확실성을 높이는 한편 자칫 사업자의 부담을 늘리기 쉽다. 또한, 근로자와의 근로소득세 부담 및 퇴직금 지급 관련 분쟁들이 증가할 가능성이 크다. 따라서 이러한 계약 방식은 사업의 안정성과 세무 위험 등의 감소를 위해 자제하는 것이 바람직하다.

# 복리후생비의 범위
## (출산지원금 포함)

복리후생비는 회사 전체 임직원의 복지와 후생을 위해 지출하는 비용을 말한다. 회사의 근로자 전체 또는 일정한 집단(부서 등)을 대상으로 하는 복지비용이어야 하며, 특정 임직원 개인을 위해 지출한 경우에는 비용 처리 등에서 문제가 발생한다. 다음에서는 고소득 사업자의 복리후생비에 대해 알아보자.

### 1. 세법상 복리후생비 규제

**첫째, 복리후생비는 법령에 열거된 항목이어야 한다.**

소득세법상 복리후생비로 인정되기 위해서는 기본적으로 소득세법 시행령 제55조에서 열거된 항목이어야 한다. 복리후생비와 관련된 주요 항목은 다음과 같다.

> 6의 2. 종업원의 출산 또는 양육 지원을 위해 해당 종업원에게 공통으로 적용되는 지급 기준에 따라 지급하는 금액(2024.02.29 신설)*
> 19. 종업원*을 위하여 직장체육비·직장문화비·가족 계획사업지원비·직원 회식비 등으로 지출한 금액(2017.02.03 개정)

\* 이에는 가족도 포함된다. 다만, 부당행위 등이 되지 않으려면 공통 지급 기준이 있어야 한다.

**둘째, 비과세 근로소득에 해당하려면 역시 법령에 열거가 되어 있어야 한다.**

실비변상적인 복리후생비는 비용으로 인정되지만, 이의 수혜자인 근로자의 소득에서 제외되기 위해서는 소득세법 제12조에 비과세 근로소득으로 열거되어 있어야 한다. 이에는 다음과 같은 것들이 있다.

- 유족보상금, 실업급여, 육아휴직급여, 학자금(업무 관련), 출산지원금 등
- 실비변상적 급여(월 20만 원) : 자가운전보조금, 연구 활동비, 벽지수당 등
- 복리 후생적 성질의 급여 : 사택 이익 등

➡ 소득세법 제12조에서 빠진 항목들은 복리후생비로 비용 처리는 되지만, 수혜자인 근로자의 소득에 합산해 연말정산을 해야 한다는 점에 유의해야 한다.

**셋째, 증빙과 규정이 갖추어져야 한다.**

사내 복리후생 규정, 경조사 규정 등의 문서화가 필요하다. 집행 시에는 세금계산서, 카드전표, 행사 계획서, 사진 등 증빙 자료를 보관하도록 한다.

## 2. 적용 사례

사례를 통해 위의 내용을 확인해보자.

**01** 세법상 복리후생비는 무엇을 의미하는가?

복리후생비란 직원들의 근로 의욕을 고취하고 복지를 증진하기 위해 사업주가 제공하는 비용을 말한다. 이에는 직원 회식비, 명절 선물비, 체육대회·야유회 행사비, 경조금, 사내 동호회 지원비 등이 포함된다.

➔ 업무와 관련된 임직원들의 생활 편의 및 복지 증진을 위한 지출이어야 하며, 사적 성격이 강한 지출은 인정되지 않는다.

**02** 복리후생비가 특정인에게 지급되면 근로소득세가 과세되는가?

원칙적으로 그렇다. 다만, 일직료·숙직료 또는 여비로서 실비변상 정도의 금액(자가운전보조금 20만 원 포함) 정도는 비과세된다. 구체적인 것은 관련 규정을 참조해야 한다.

※ **복리후생비와 근로소득세 비과세의 관계**

| 구분 | 복리후생비 | 근로소득세 비과세 |
|---|---|---|
| 개념 | 사업자의 비용으로 인정 | 근로자의 근로소득에서 제외(비과세) |
| 적용 요건 | 복리후생비는 법령상 열거되어 있어야 함. | 비과세 근로소득도 법령상 열거되어 있어야 함. |
| 근거 | • 소득세법 제27조<br>• 소득세법 시행령 제55조 | 소득세법 제12조 |
| 비고 | 복리후생비 비용 인정과 근로소득 비과세는 별개의 규정임. | |

* 따라서 생일자 선물 등은 근로소득으로 본다. 이는 실비변상의 성질이 아니기 때문이다.

**03** 명절에 전 직원에게 상품권을 지급했다. 비용 인정 여부와 근로소득세 과세 여부는?

명절 선물(상품권 포함)은 세법상 복리후생비로 인정된다. 한편 이러한 명절 상품권은 근로소득에 포함되는 것이 원칙이다.*

* 소득세법(제12조)에 비과세 근로소득으로 열거되어 있지 않기 때문에 포함한다.

**04** 출산한 직원에게 지원금을 지원했다. 이 금액은 비용으로 인정되는가? 그리고 근로소득세가 과세되는가?

- 출산 축하금이나 출산지원금은 최근에 정책적인 목적으로 도입된 것으로 전액 복리후생비로 인정된다(소득세법 시행령 제55조 제1항 제6의 2호).
- 근로자 본인 또는 배우자의 출산 시 자녀 출생일 이후 2년 이내 지급된 금액*에 대해서는 근로소득세가 전액 비과세된다(소득세법 제12조 머목). 이 부분도 정책적인 측면에서 비과세를 해준다.

    * 최대 두 차례에 걸쳐 지급받는 급여(2021년 1월 1일 이후 출생한 자녀에 대해 2024년 1월 1일부터 2024년 12월 31일 사이에 지급받은 급여를 포함한다)로, 이는 사용자로부터 해당 급여를 지급받는 횟수와 관계없이 자녀의 출생일 이후 2년 이내에 첫 번째와 두 번째 지급받는 급여를 말한다. 이 경우, 근로자가 지급받는 급여의 횟수는 사용자별로 계산한다.

➔ 출산지원금에 대해서는 한도가 없으나, 엄격한 절차에 따라 최종 비용 처리 여부가 결정된다는 사실에 주의하기 바란다. 사전에 사규 등을 만들어 진행하는 것이 좋을 것으로 보인다.

**05** Q4의 직원에는 가족도 포함하는가?

- 비용 처리 시 : 출산지원금의 적용 대상인 가족을 제외한다는 규정이 없다.

- 근로소득 비과세 처리 시 : 출산지원금 관련 근로소득 비과세에서는 가족은 제외한다.

※ **출산지원금과 세무 처리**

| 구분 | 특수관계× | 특수관계○ |
|---|---|---|
| 비용 처리 한도 | 없음. | 좌동 |
| 근로소득세 과세 | 비과세 | 과세 |

**06** 음식비로 100만 원을 지출했는데, 카드명세만 있다. 이는 복리후생비인가? 접대비인가?

카드명세만 있으면 지출의 구체적 용도(업무 관련성, 인원 등) 파악이 어려우므로 복리후생비로 인정받기 힘들다. 다만, 실무적으로 복리후생비로 처리할 수도 있는데, 이때에는 업무 관련성을 입증할 수 있어야 한다.

**07** 복리후생 목적으로 콘도미디엄을 임차해서 이에 대한 비용을 지출하고 있다. 복리후생비로 인정받기 위해서는 어떻게 조처해야 하는가?

임차 사실과 목적이 명확해야 하며, 임차 계약서, 이용 내역, 직원 대상 복리후생 규정 등이 갖춰져야 한다. 특히 임차 시설은 전 직원 또는 다수 직원이 이용 가능해야 하며, 사적 이용이 아닌 복리후생 목적임을 입증해야 한다. 한편 사용 기록과 직원 명단 등을 관리해 세무 조사 시 설명할 수 있어야 한다.

➔ 사택 관련 비용 처리법은 4장에서 자세히 다룬다.

# 사내근로복지기금
# 경비 처리 분석

사내근로복지기금은 개인사업자(법인 포함)가 기금을 내 근로자의 복지를 증진하는 제도에 해당한다. 이에 세법은 기금을 내는 금액에 대해서는 사업자의 필요경비로 인정한다. 또한, 이를 통해 지원을 받은 근로자에 대해서는 각종 과세에서 제외한다. 다음에서 이 제도에 관한 내용 및 실익 등을 사례를 통해 정리해보자.

## 1. 사내근로복지기금과 세제의 혜택

사내근로복지기금은 근로자복지기금법에 따라 운용되는 것으로, 기업의 업무 효율성과 생산성을 높이는 데 필요한 제도에 해당한다. 세법은 이 제도를 뒷받침해주기 위해 다음과 같은 혜택을 주고 있다.

- 개인사업자와 법인의 비용으로 인정한다.
- 근로소득자에 대한 근로소득세 비과세 및 증여세 과세에서 제외한다.

➡ 비용 처리가 인정되기 위해서는 해당 기금이 투명하게 운용되어야 한다. 기금을 목적 외로 사용하거나 편법으로 운영하는 경우, 세제 혜택이 박탈될 수 있음에 유의해야 한다.

## 2. 적용 사례

사례를 통해 이 제도에 대한 실익을 분석해보자.

〈자료〉
- 연간 순이익 : 5억 원
- 기금출연비율 : 5%(근로자복지기금법상의 한도=순이익의 5%)
- 기금출연금액 : 2,500만 원
- 세율 : 40%
- 직원 수 : 10명

**01** 출연한 기금을 경비 처리 하는 경우, 이에 대한 세금 절감 효과는?

출연금액인 2,500만 원의 40%인 1,000만 원이 된다.

➡ 참고로 기금 출연은 근로자복지기금법상의 한도(순이익의 5%) 내에서 이루어져야 한다.

**02** 근로자는 근로소득세가 비과세되는가?

정관상 목적사업으로 기재된 것은 비과세가 된다. 특히 다음과 같은 항목이 비과세 대상이 된다.

- 주거 관련 지원 : 회사가 제공하는 임대료나 전세자금 지원 등 주거 관련 지원
- 의료비 지원 : 근로자의 치료비 및 건강 검진 비용 지원
- 교육비 지원 : 자녀학자금 지원

이처럼 사내근로복지기금의 정관에 규정된 목적사업에 따라 지급되는 금액은 근로소득에 해당하지 않는다.

### 03 근로자복지기금을 적립만 해두고 사용하지 않으면 경비 처리에 제한이 없는가?

세법에서는 근로자복지기금을 설립·출연한 경우, 출연금은 전액 비용(손금)으로 인정하며, 이때 사용 여부에 대해서는 정해진 것이 없다. 따라서 기금에 적립만 해두고 당장 사용하지 않아도 경비 처리에는 제한이 없다.*

* 향후 이에 대한 규제가 도입될 가능성이 있다.

### 04 기금 운용이 불투명할 경우, 어떤 문제가 발생할 수 있는가?

세무 조사 등에 의해 소득세 추징 및 가산세가 부과될 가능성이 있다. 따라서 다음과 같은 대책이 필요하다.

- 투명한 장부 작성 : 기금의 출연 및 지출 내역을 투명하게 기록하고 관리하는 것이 필수다.
- 정관 및 운영 기준의 준수 : 기금의 운용은 정관에 명시된 목적에 따라 엄격히 운영되어야 하며, 법적 기준을 준수해야 한다.

### 05 사례의 경우, 법인 설립의 타당성이 있는가?

사업자는 2,500만 원의 기금을 냄으로써 1,000만 원의 세금 절감 효과를 얻을 수 있다. 따라서 사업자의 순부담액은 1,500만 원이 된다. 다만, 기금 운영법인에서 장부 작성 등에 따른 관리비용이 증가할 수 있어 이로 인해 순 부담액이 다소 증가할 가능성이 있다. 한편, 근로자들의 사기가 진작되어 이는 궁극적으로 사업장의 생산성 향상으로 이어질 가능성이 크다. 이러한 여러 요소를 고려할 때, 이 사례에서는 기금법인의 설립에 대한 타당성이 있다고 할 수 있다.

※ 기금법인 설립 절차와 유의 사항(근로자복지기금법)

| 단계 | 절차 | 내용 | 유의 사항 |
|---|---|---|---|
| 1 | 기금 설립 계획 수립 | 기금의 목적, 운영 방식, 기여자와 수혜자 등을 포함한 설립 계획 수립 | 법률적 요건과 사업주 목표를 명확히 설정해야 함. |
| 2 | 정관 작성 | 기금의 운용 원칙 및 규정을 담은 정관 작성 | 정관은 법적 기준을 충족해야 하며, 세무 조항 포함 |
| 3 | 기금 운용 위원회 구성 | 기금 운용을 위한 위원회 구성, 위원회 구성원 선정 | 위원회의 독립성과 투명성을 확보해야 함. |
| 4 | 출연금액 결정 | 사업자가 출연할 금액 및 출연 방식 결정 | 출연금액의 적절성을 고려해야 함. |
| 5 | 기금 등록 신청 | 관할 행정기관에 기금 등록 신청 (정관, 위원회 명단 등 제출) | 제출 서류를 정확하게 준비해야 함. |
| 6 | 법인 등록 | 기금이 승인되면 법인 등록을 통해 비영리법인으로 등록 | 법인 등록 후 의무사항 준수를 소홀히 해서는 안 됨. |
| 7 | 운영 시작 | 기금의 운용 및 관리 시작, 관련 법규 준수 | 초기 운영 단계에서 관리 방침을 확립해야 함. |
| 8 | 정기 보고 | 기금 운용에 대한 정기적인 보고 등 | 투명성을 저해하지 않아야 함. |

- 소요시간 : 1.5~2개월(50~150만 원 소요, 법무사에 설립 대행 가능)

# 사업자의
# 접대비 활용법

　접대비(기업업무추진비) 업무와 관련해 거래처 등에 향응을 제공하는 과정에서 발생하는 비용을 말한다. 이에는 식사대, 경조사비 등이 포함된다. 그런데 이러한 접대비에 대해서는 세법상 규제가 상당하다. 다음에서 고소득 사업자들이 알아두면 유용할 접대비에 대해 알아보자.

## 1. 세법상 접대비 규제

**첫째, 개인적으로 사용하는 접대비는 전액 비용 부인된다.**

　접대비가 업무와 관련 없이 지출되면 이는 사적 경비에 해당한다. 다만, 실무에서는 사적 사용 여부를 일일이 밝혀내기가 힘들어 비용 부인되는 경우가 거의 없다.

**둘째, 경조사비는 정규영수증이 없어도 된다.**

　고소득 사업자가 접대비를 비용으로 계상하려면 개인카드로 구입해야 한다. 하지만 경조사비는 카드 사용이 힘들므로 건당 20만 원까지는 문제로 삼지 않는다.

**셋째, 접대비는 한도가 있다.**

접대비 한도는 크게 기본한도와 추가 한도로 구분되는데, 전자는 중소기업은 3,600만 원(일반기업은 1,200만 원), 후자는 매출액의 수준에 따라 매출액의 0.3(매출액 100억 원 이하)~0.03%(매출액 500억 원 초과)가 추가된다.

➡ 세무 조사 시 한도 내의 접대비에 대해서는 지출 성격을 잘 따지지 않고 그대로 용인해주는 경우가 많다.

## 2. 적용 사례

사례를 통해 위의 내용을 확인해보자.

〈자료〉
- 매출 100억 원
- 손익계산서상 접대비 계상액 : 3,000만 원

**01** 이 사업자의 세법상 접대비 한도액은 얼마인가? 세법상 중소기업에 해당한다.

중소기업의 접대비 기본한도는 3,600만 원이고, 매출액 100억 원 이하분은 30/10,000이다. 따라서 사례의 총한도는 6,600만 원이 된다.

**02** 이 사업자의 세법상 접대비 한도액은 얼마인가? 세법상 중소기업에 해당하지 않는다.

중소기업이 아닌 경우의 접대비 기본한도는 1,200만 원이고, 매출액 100억 원 이하는 앞과 같은 율이 적용된다. 따라서 사례의 경우 4,200만 원이 된다.

➔ 부동산 임대업은 세법상 중소기업에서 제외된다.

**03** 경조사비의 경우, 어떤 증빙을 보관해야 하는가?

이에는 다음과 같은 것들이 있다.

- 경조사 안내문(청첩장, 부고장 등)
- 지출결의서(경조사비 지급 내역 및 상대방 기재)
- 현금영수증 또는 송금확인서(지급 증빙)
- 경조사비 지급 내역 관리대장(사내 관리용)

**04** 친구를 만나 지출한 비용은 접대비에서 제외해야 하는가?

원칙적으로 그렇다. 다만, 친구라도 업무 관련성이 있을 수 있으므로 대부분 접대비로 처리한다.

**05** 회사에서 구입한 5만 원 상당의 물품을 광고 목적으로 특정인에게 지급하면 이는 접대비인가?

광고 목적으로 특정인에게 지급한 연간 5만 원 내의 물품은 접대비가 아니라 광고선전비에 해당한다. 다만 광고 효과 입증을 위해 계약서, 광고 계획서, 지급 내역 등을 갖춰야 한다.

### ※ 접대비와 광고선전비의 비교

| 구분 | 접대비 | 광고선전비 |
|---|---|---|
| 대상 | 특정 거래처, 협력업체 | 불특정 다수(소비자 등) |
| 목적 | 유대 강화, 접대 | 기업 인지도, 매출 증대 |
| 한도 | 접대비 손금산입 한도 적용 | 한도 없음(실제 발생액 손금산입). |
| 증빙 요건 | 법인카드 등 적격증빙 필수, 내부지출결의서 등 추가 | 적격증빙 필수 |
| 세무조정시 | 한도 초과분 상여 처분 | 사적 사용분만 부인 |

# 국내외 교육훈련비와 경비 처리법

교육훈련비는 사업과 관련해 근로자의 직무 능력 향상, 자격 취득, 경영역량 제고 등을 목적으로 지급한 비용을 말한다. 이러한 비용은 원칙적으로 사업자의 경비로 인정된다. 다음에서 이에 대해 알아보자.

### 1. 세법상 교육훈련비 규제

**첫째, 교육훈련비의 범위와 업무 관련성 입증**

세법상 교육훈련비는 사업 관련 능력 향상과 직무 수행에 직접 필요한 때에만 필요경비(법인은 손금)로 인정된다. MBA, 어학연수, 리더십 코스, 세미나 등 고액 교육비의 경우, 업무와의 직접 관련성 입증이 매우 중요하다.

**둘째, 국내 교육 vs 해외 교육 차이**

국내 교육비는 증빙만 충분하면 비교적 인정 범위가 넓다. 해외 연수·교육은 관광·사적 활동과 혼재되는 경우가 많아, 국외 교육 계획서·교육기관 초청장·수업일정표·참석 확인서 등 철저한 증빙이 필요하다. 가족 동반 시 해당 부분 경비는 전액 불인정되는 것이 원칙이다.

**셋째, 교육훈련비 지원금과 소득세 과세 여부**

직원 대상의 교육비 지원은 복리후생비로 인정되지만, 대표자 본인이나 특수관계인 교육비는 급여성 비용으로 과세될 수 있다. 교육훈련비를 현금으로 지급하고, 용도가 불분명하면 근로소득으로 간주해 원천징수 의무가 발생한다.

## 2. 적용 사례

사례를 통해 위의 내용을 알아보자.

**01** 직원들과 함께 해외세미나에 참석하기 위해 5,000만 원을 경비로 지출했다. 이 금액은 교육훈련비에 해당할까?

그렇다. 세미나가 회사의 주된 사업과 직접적인 관련성이 있어야 한다. 세미나 일정·내용·참석자 명단·참석 증명서 등의 증빙이 필요하다.

**02** Q1에서 일부는 여행경비가 포함되어 있다. 이 경비의 성격은?

순수 관광·여행 부분은 업무 관련성이 없는 접대비 또는 대표자 개인 비용으로 봐서 필요경비에서 제외되는 것이 원칙이다.

**03** K개인사업자가 해외세미나를 가면서 가족과 동반했다. 혼자 세미나에 가는 경우와 가족을 동반한 경우, 비용 처리가 달라지는가?

- 혼자 참석 : 세미나 경비 전액(업무 관련성 입증 시) 필요경비 인정 가능
- 가족 동반 : 가족 관련 경비는 전액 불인정(개인 소비로 간주)

### 04 직원을 위해 지출된 교육훈련비는 근로소득에 해당하는가?

직원 직무 능력 향상 목적의 교육훈련비는 복리후생비 성격으로 지급되므로 근로소득에 해당하지 않는다.

# 감가상각비 활용법

인테리어나 비품, 기계장치 같은 자산을 보유하고 있는 사업체는 감가상각 제도가 상당히 중요하다. 이를 통해 이익을 조절할 수 있기 때문이다. 예를 들어, 이익이 많은 나는 해는 감가상각을 적극적으로 시행하고, 그 반대의 경우에는 감가상각비를 계상하지 않거나 일부에 대해서만 계상해도 세법상 문제가 없다. 다음에서 이 제도에 대해 좀 더 자세히 알아보자.

## 1. 감가상각 제도란

개인사업자들이 알아둬야 할 감가상각 제도에 대해 정리하면 다음과 같다.

- 감가상각비는 시설 투자 등 유·무형자산 취득에 든 금액을 비용으로 처리하는 것을 말한다.
- 감가상각비는 자율적으로 장부에 계상할 수 있다. 따라서 소득이

많은 경우에는 세법상의 한도 내에서 감가상각비를 장부에 계상해 이익을 축소할 수 있다. 여기서 '세법상의 한도'는 세법상의 감가상각 기간과 상각 방법에 따라 계산된 감가상각비를 말한다.

- 감가상각 기간은 세법에서 정하고 있는 기준내용연수를 개인사업자가 기준내용연수의 ±25% 내에서 가감해 신고할 수 있다(단, 업무용 승용차는 5년으로 고정됨).

| 구분 | 자산 종류 | 기준내용연수 | 신고내용연수 |
|---|---|---|---|
| ① 건축물 등 | 건물(철골조 등) | 40년 | 30~50년 사이에서 선택 |
| | 건물(목조, 연와조 등) | 20년 | 15~25년 사이에서 선택 |
| | 선박, 항공기 | 12년 | 9~15년 사이에서 선택 |
| | 차량 운반구 | 5년 | 4~6년 사이에서 선택 |
| | 비품(인테리어 포함) | 5년 | |
| ② 업종별 자산 | 제조업 | 5년 | ①과 무형자산 외 자산들은 ② 업종별 자산에 대한 기준내용연수의 ±25% 내에서 선택해야 함. |
| | 기타 | 4년, 6년, 8년, 10년, 20년 등 다양 | |

- 감가상각 방법은 정액법 또는 정률법 등에서 선택할 수 있다(단, 건물과 업무용 승용차는 정액법만 가능). 정액법은 감가상각 기간 매년 균등하게 상각하는 방법을, 정률법은 감가상각 초기에 많은 금액을 비용으로 계상하는 방법을 말한다.
- 감가상각을 어떤 식으로 할 것인지에 대해서는 최초 소득세나 법인세 신고 때 세무서에 신고가 되어 있어야 한다. 무신고 시에는 세법에서 정한 방법(기준내용연수, 정액법 등)으로 신고해야 한다.
- 신규자산에 대해서는 원칙적으로 기존자산과 동일한 방법으로 감가상각을 해야 한다.
- 다음과 같은 자산들은 당해 연도의 필요경비로 산입이 가능하다.
  - 개별 자산별로 수선비로 지출한 금액이 600만 원 미만인 경우

- 3년 미만의 주기적인 수선을 위해 지출하는 비용의 경우(가격 불문)
- 취득가액이 거래 단위별로 100만 원 이하인 감가상각자산(단, 당해 고유업무의 성질상 대량으로 보유하는 자산 등은 제외)
- 전화기(휴대용 전화기를 포함한다) 및 개인용 컴퓨터 등(가격 불문)

## 2. 적용 사례

K기업에서 아래와 같은 거래가 있었다.

〈자료〉
① 올해 초에 비품을 2,000만 원에 취득했다.
② 올해 초에 업무용 승용차를 4,000만 원에 취득했다.
③ 올해 말에 200만 원을 주고 컴퓨터를 샀다.

**01** 위 ①의 비품에 대해서는 어떤 식으로 감가상각을 해야 할까?

**첫째, 상각 기간을 정한다.**

만일 초기에 비용 처리를 많이 하고 싶다면 기준내용연수 5년 중 4년으로 단축해서 신고하면 된다. 여기에서는 4년으로 하자.

**둘째, 상각 방법을 정한다.**

상각 방법은 정액법과 정률법 중에서 선택하면 된다. 이 사례에서는 2가지 방법을 비교해보자. 단, 정률법에 따른 상각률은 52.8%다(이는 전년도 말의 잔액에 대해 한해마다 52.8%를 상각하는 것을 말한다. 따라서 감가상각 초기에 많은 금액이 감가상각비로 처리된다).

① 정액법의 경우
- 매년 상각액 : 2,000만 원/4년 = 500만 원

② 정률법의 경우
- 당해 연도 총상각액 : 2,000만 원×52.8% = 1,056만 원

참고로 다음 해 정률법에 따른 상각액은 다음과 같이 계산한다.
- 미상각 잔액 : 2,000만 원(취득금액)−1,056만 원(기 상각액) = 944만 원
- 다음 해 상각액 : 944만 원×52.8% = 498만 원

### 02 업무용 승용차는 어떤 식으로 감가상각을 해야 하는가?

업무용 승용차는 규제의 대상이라 세법에서 정하는 대로 감가상각을 해야 한다.

- 감가상각 기간은 5년이다.
- 감가상각 방법은 정액법만 허용된다.
- 감가상각비는 연간 800만 원이 한도다(한도 초과분은 이월 공제됨).

### 03 컴퓨터는 당기의 비용으로 처리 가능한가?

그렇다. 전화기나 개인용 컴퓨터 같은 사무기기는 가격과 무관하게 당해 연도의 비용으로 처리할 수 있다.

### 04 만일 위 기업이 적자를 기록했다면 위의 감가상각은 하지 않아도 문제는 없는가?

그렇다. 감가상각비는 사업자가 임의로 계상 여부를 결정할 수 있기 때문이다. 다만, 업무용 승용차는 무조건 장부에 계상해야 한다.

### 05 고소득 사업자는 감가상각을 어떻게 하는 것이 좋을까?

- 이익의 평준화를 원한다면 정액법(매년 균등 상각하는 방법)을 선택하는 것이 좋다.
- 조기 상각에 의한 절세 효과를 원한다면 정률법(감가상각 초기에 상각을 많이 하는 방법)을 선택하는 것이 좋다. 다만, 건물은 내용연수 선택은 가능하나 정액법만 가능하며, 업무용 승용차는 내용연수는 선택 불가하고 정액법만 가능하다.
- 소득세나 법인세 감면을 받는 경우, 개별 자산에 대한 감가상각비가 상각범위액이 되도록 감가상각비를 무조건 비용에 반영해야 한다(이를 감가상각 의제라고 한다).

# 이자 비용 처리법

사업 운영에 필수적인 비용 중 하나인 이자 비용은 고소득 사업자의 세무 전략에서 중요한 위치를 차지한다. 적절한 이자 비용 관리와 세무 처리를 통해 세금 부담을 줄이고, 재무 건전성을 유지할 수 있기 때문이다. 다음에서 이자 비용에 대한 세무 처리법 등을 알아보자.

## 1. 세법상 이자 비용 규제

**첫째, 비용인정범위다.**

이자 비용이란 사업자가 금융기관, 채권자 등으로부터 자금을 차입하면서 지급하는 이자를 말한다. 일반적으로 은행 대출, 사채, 회사채, 리스료 중 금융 비용 부분(금융 리스를 말한다) 등이 포함된다. 참고로 개인으로부터 빌린 차입금에 대한 이자도 업무와 관련되면 비용으로 인정된다.

**둘째, 이자 비용에 대한 세무 처리다.**

이자 비용을 제한 없이 인정하면 소득세 과세 형평상 문제가 있으므로 다음과 같은 제한을 두고 있다.

- 초과인출금 이자에 대한 비용 불인정 → 사업용 부채액이 사업용 자산가액보다 더 많은 경우에는, 그 초과분은 사적 인출로 보아 이에 해당하는 이자는 비용으로 인정하지 않는다.
- 사업 무관이자 필요경비 불산입 → 사업과 무관한 자산을 유지하면서 발생한 차입금에 대한 이자는 경비로 인정하지 않는다.

➲ 공동사업자의 출자금 관련 이자 비용 처리법은 5장에서 살펴본다.

**셋째, 이자 지급 시 원천징수 의무다.**
- 금융기관(은행, 저축은행, 보험사 등)에 이자를 지급한 경우 : 원천징수 의무가 없다.
- 사업자가 금융기관 외의 개인(예 : 친척, 지인, 개인 투자자)에게 이자를 지급하는 경우 : 소득세법상 이자소득세(보통 25%+지방소득세 2.5%)를 원천징수해야 한다. 원천징수를 하지 않으면 지급한 이자 전액이 필요경비에서 제외될 수 있으며, 추가로 원천세와 가산세를 납부해야 한다.

## 2. 적용 사례

사례를 통해 위의 내용을 확인해보자.

**Q1.** K사업자는 사업자금이 필요해 집 담보대출을 받아 해당 금액을 운영자금에 사용했다. 이때 이자 비용이 연간 2,000만 원이 되었다. 이 비용은 모두 비용에 해당하는가?

그렇다. 담보가 주택이라 하더라도 실제 사용처가 사업 관련이면 세법상 업무 관련성이 인정된다. 따라서 이 경우, 필요경비(법인이라면 손금)로 계상할 수 있다.

**Q2.** Q1의 은행에 지급하는 이자에 대해서는 원천징수의무가 없는가?

없다.

**Q3.** K씨는 아버지로부터 운영자금 1억 원을 빌렸다. 이때 이자를 500만 원을 지급했는데, 이에 대해서 비용 처리가 가능한가? 그리고 원천징수는 해야 하는가?

사업과 관련되어 있음이 입증되면 비용에 해당한다. 한편 개인에게 지급하는 이자는 이자소득에 해당하므로, 지급 시 25% 소득세+2.5% 지방소득세를 원천징수해 다음 달 10일까지 납부해야 한다.

**Q4.** K씨는 소득세 납부를 위해 대출을 받았다. 이에 대한 이자 비용도 필요경비에 해당하는가?

세법상 세금 납부 자체는 사업 경비와 직접 관련이 없으므로, 세금을 내기 위해 발생한 이자도 필요경비에 포함할 수 없다. 다만, 해당 대출금이 사업용 자금과 구별이 안 되는 경우가 많아 이자 비용을 필요경비로 볼 가능성이 크다.

⊃ 이렇게 필요경비로 보더라도, 초과 인출금의 이자 비용에 해당하면 이자 중 일부가 부인될 가능성이 있다. 예를 들어 총이자가 1억 원이고, 사업용 자산이 10억 원(적수 개념), 사업용 부채가 20억 원이라면 이자 중 절반은 비용으로 인정되지 않는다. 초과 인출금은 사업과 무관하게 인출한 금액에서 발생한 이자로 보기 때문이다.

**05** K씨는 사업자용 대출을 받은 금액으로 주택을 구입했다. 이 경우, 비용 처리가 되는가?

아니다. 차입 명목이 사업자 대출이라 하더라도 실제 사용처가 사업과 무관(주택 구입)이면 업무 관련성이 없으므로 비용 처리를 할 수 없다.*

* 사업자용 대출로 주택을 구입하는 경우, 대출 회수 등의 조치에 대해서는 별도로 확인해야 한다.

## 절세 탐구 | 고소득자(직장인 포함)와 법인의 신용카드 사용법

신용카드는 직장인, 개인사업자, 법인 등의 대표적인 결제 수단이며, 여기에서 발생한 영수증은 각종 공제에서 사용하는 수단이 된다. 따라서 평소 어떤 식으로 이를 사용할 것인지 미리 정해두는 것이 필요하다.

### 1. 직장인

근로자의 신용카드 사용액은 연말정산 시 소득공제 대상이나 공제액이 얼마 되지 않는다. 한도(일반적인 한도 250~300만 원)가 있기 때문이다.

### 2. 개인사업자

사업자가 사업 관련 지출을 신용카드로 결제 시 '매입세액공제*+필요경비'가 적용될 수 있다. 다만, 고가의 사치품 등을 이 카드로 사용할 경우, 세무 위험이 증가하는 폐단이 있다.

* 사업 관련 경비에서 발생한 부가세는 매출세액에서 공제할 수 있다(단, 일반과세자에 한함).

➡ 개인사업자는 국세청 홈택스를 통해 사업자카드로 등록(50장까지 가능)을 해두면 세무 처리가 간단히 끝날 수 있다.*
　* 신용카드 등록은 의무는 아니나, 향후 의무로 바뀔 가능성이 크다.

### 3. 법인(가족법인 포함)

법인카드 사용분은 대부분 법인 비용으로 인정되며, 접대비, 복리후생비, 차량 유지비 등 공제 폭이 넓다. 다만, 법인카드를 사적으로 무분

별하게 사용하면 비용 처리가 힘들 수 있으며, 상여 등으로 처분될 수 있다.

### 4. 직장인+사업자+법인이 결합한 경우

근로소득과 사업소득, 법인소득 등이 동시에 발생하는 상황이라면, 다음과 같이 카드를 사용할 수 있다.

- 개인 소비 → 개인 명의 카드(연말정산 한도 내 공제)
- 사업 경비(법인 포함) → 사업자 카드(필요경비 처리)

> **Tip 카드 사용 수칙**
> - 대표 개인 소비는 개인카드 사용을 원칙으로 한다.
> - 개인사업자나 법인 운영 경비는 사업자카드나 법인카드로 결제해 증빙을 명확히 한다.
> - 사업자카드나 법인카드로 사치품, 과도한 상품권 등을 구매하지 않도록 한다.
> - 가족이 임원·직원으로 등재되어 있다면 가족 카드 발급 후 합리적인 범위 내에서 복리후생비 처리를 할 수 있다.

제 4 장

# 자산으로 비용을 만들고 세금을 줄인다

# 자산과 필요경비의 함수관계

　회계적으로 자산은 '현재 기업이 보유하고 있고, 미래에 경제적 효익(이익)을 가져다줄 것으로 기대되는 것'을 말한다. 세법은 이러한 회계상의 자산에서 발생한 비용을 원칙적으로 인정하지만, 사업과 무관하거나 과도하게 발생한 비용에 대해서는 이를 제한한다. 다음에서 고소득 사업자가 알아두면 좋을 자산과 세법상 필요경비의 관계 등에 대해 알아보자.

## 1. 자산과 필요경비의 관계

### 1) 자산의 구분
　재무제표의 하나인 재무상태표의 형태로 자산을 구분하면 다음과 같다.

| 구분 | 내용 | 비고 |
|---|---|---|
| 당좌자산 | 현금, 상품권 등 | |
| 재고자산 | 판매용 재화 | 감가상각 불허, 폐기손실 가능, 처분 시 매출원가에 해당함. |
| 투자자산* | 투자용 부동산이나 금융자산, 기타 동산(미술품 등) | 업무무관자산으로 감가상각 불허 및 이자 비용 불인정 |
| 유형자산 | 비품, 기계장치, 건물(임대용 포함), 사택 등 사업용 자산 | 업무관련자산으로 감가상각 및 이자 비용, 처분손실 인정 |
| 무형자산 | 특허권, 영업권, 개발비 등 사업용 자산 | |

\* 이 책에서는 투자자산인 부동산과 금융자산에 대한 세금 등은 다루지 않는다. 이에 대한 정보가 필요하다면 저자의 다른 책들을 참조하기 바란다.

### 2) 자산과 세법상 필요경비의 관계

① 당좌자산

당좌자산은 현금이나 매출채권, 상품권 등을 말하며, 회수할 수 없는 매출채권 등에 대해서는 대손금으로 비용 처리가 가능하다. 한편 당좌자산인 상품권은 복리후생비나 접대비 등으로 처리할 수 있다.

➲ 세법에서는 당좌자산을 자의적으로 비용 처리를 할 수 없도록 엄격한 요건을 두고 있다.

② 재고자산

재고자산은 판매를 위해 보유하고 있는 자산으로 이를 판매하면 매출원가로 변경된다.

③ 투자자산

투자 목적으로 보유한 자산을 말하며, 개인사업자는 이를 재무상태표에 반영하지 않는 경우가 많다. 대부분 업무무관자산에 해당하기 때문이다. 만약 개인사업자가 이를 재무상태표에 올렸다면, 다음과 같이 세무 처리를 해야 한다.

- 감가상각비는 장부에 계상할 수 없다.
- 이자 비용 및 유지비 등은 업무와 관련 없는 비용에 해당한다.
- 처분 손익도 세법상 부인된다.*

  * 투자자산에 대한 처분 손익은 대부분 양도세로 정리된다.

➡ 개인사업자들은 투자자산을 장부에 계상할 필요가 없다. 대표적으로 미술품*이 그렇다.

  * 법인의 경우에는 장부에 계상할 수 있다. 개인과 차이가 나는 부분이다.

④ 유형자산

사업 활동에 필요한 자산을 말한다. 이에는 비품, 인테리어, 차량, 기계장치, 사옥, 사택, 창고, 공장, 임대용 부동산 등 눈에 보이는 자산들이 포함된다. 이러한 자산은 비용 처리에 있어 매우 중요하다.

- 감가상각비는 당연히 장부에 계상할 수 있다.
- 이자 비용 및 유지비 등은 업무와 관련 있는 비용에 해당한다.
- 처분 손익도 세법상 인정된다.

➡ 유형자산에 대해서는 취득세 감면, 투자 세액공제 등이 적용될 수 있으므로 이에 대한 지식도 상당히 중요하다.

⑤ 무형자산

무형자산도 사업 활동에 필요한 자산으로, 이에는 특허권, 영업권 등이 포함된다. 비용 처리의 내용은 앞의 유형자산과 같다.

## 2. 적용 사례

사례를 통해 이 내용을 확인해보자.

**01** K사업자는 2년간 회수가 안 된 매출채권 1,000만 원을 보유하고 있다. 대손금 처리가 가능한가?

가능하다. 단, 세법상 대손금 인정 요건을 충족해야 한다. 예를 들어, 회수기일이 6개월 이상 지나고, 채무자의 파산·사망·폐업·실종 등 회수불능 사유가 객관적으로 입증되어야 한다. 따라서 실무 처리 시 법적 소송, 내용증명, 독촉장 발송 등 회수 노력 입증이 필요하다.

**02** K사업자는 본인과 직원이 사용하기 위해 별장을 구입했다. 이와 관련된 비용은 세법상 인정이 되는가?

세법상 별장은 원칙적으로 업무무관자산으로 분류된다. 따라서 취득세, 재산세, 유지관리비, 감가상각비 모두 비용으로 인정되지 않는다. 다만, 종업원의 복리후생을 위한 경우라면 업무관련자산으로 인정받을 수 있다.

➡ 단순히 '사업주의 별장'으로 사용하는 경우(휴가, 가족 휴식 등)에는 업무무관자산으로 판단한다. 따라서 이에서 벗어나려면 해당 별장이 임직원 누구나 이용할 수 있는 공간으로 사용되었음을 증명할 수 있도록 사용대장 등을 비치하도록 한다.

**03** K사업자는 개인이 보유하고 있는 특허권을 평가받은 후, 자신의 사업체에 이를 양도했다. 이 경우, K사업자는 특허권을 감가상각비로 나눠 비용으로 처리할 수 있는가?

특허권은 무형자산이므로, 시가(감정평가액)로 취득가액을 설정하고 내용연수(5년)에 따라 감가상각이 가능하다. 단, 개인사업자가 본인의 사업장에 양도한 경우 자가거래이므로 세법상 부인될 소지가 있다.

→ 본인이 소유한 특허권은 법인을 설립 후에 법인에 양도하는 방식으로 진행하는 것이 안전할 것으로 보인다.

### Tip 개인과 법인의 자산 양도와 세금

| 구분 | 개인 | 법인 |
| --- | --- | --- |
| 주택 | 비과세, 일반과세, 중과세 (기본세율+20~30%P) | 일반과세+추가과세(20%) |
| 토지(비사업용) | 일반과세, 중과세(기본세율+10%P) | 일반과세+추가과세(10%) |
| 주식 | 상장 소액주주 : 비과세 | 일반과세 |
| 가상자산 | 기타소득 : 분리과세(22%, 2027년) | 일반과세 |

# 사업장 임차료 비용 처리법

임차료는 고소득 사업자가 사업 운영 시 발생하는 주요 비용 중 하나다. 이때 임차인이 특수관계인인지, 아닌지에 따라 세무 처리 및 비용 인정 범위가 크게 달라지므로, 관련 법규와 실무상 주의점에 대한 이해가 필수적이다. 다음에서는 주로 특수관계인의 사업장 임대차와 관련한 세무상 쟁점들을 알아보자.

## 1. 특수관계인의 사업장 임차 관련 세무상 쟁점

**첫째, 특수관계 임차료의 적정성 검증**
임차인이 임대인과 특수관계인인 경우, 임차료가 시장가격(시가)과 비교해 적정한지 반드시 검증되어야 한다.

**둘째, 특수관계 임차료의 비용 인정 기준**
필요경비로 인정받으려면 인근 동일 용도 부동산 임대료, 국세청 시가, 감정평가액 등과 비교해 적정한 임대료 수준이어야 한다.

→ 적정 임대료 초과분은 비용 불인정(손금불산입) 대상이다.

**셋째, 임차료 과다 지급 시 세무 리스크**

초과 임차료 지급은 무상 증여, 부당행위계산 등으로 간주될 수 있다. 국세청은 이 같은 사실을 적발하기 위해 증빙 자료 제출을 요구할 수 있다.

→ 초과분에 대해 법인세·소득세 추징 및 가산세 부과 가능성이 있다.

## 2. 적용 사례

사례를 통해 위의 내용을 확인해보자.

〈자료〉
- K씨의 나이는 75세임.
- 사업장은 3층 건물로 K씨가 보유 중임(시세 30억 원).
- K씨는 이외에 주택 등을 보유함(시세로 20억 원 상당).
- 매출액 수준은 연간 20억 원 정도가 됨.
- 신고소득률 : 50%
- 표준소득률 : 25%

**01 이 사업장의 문제점은?**

가장 먼저 눈에 띄는 것은 소득률이 지나치게 높다는 것이다(신고소득률 50%). 이는 동종업계 표준소득률(25%)의 두 배 수준으로, 불필요한 세금 부담으로 연결된다. 이러한 문제점은 다음과 같은 경비의 부족에서 비롯된 경우가 많다.

- 원가·경비 누락, 비용 계상 미흡 가능성
- 공동 소유 건물의 활용이 비효율적

**02** K씨는 임차료를 제대로 계상하고 싶어 한다. 어떤 방법이 있을까?

본인 소유 건물로는 임차료가 발생하지 않으므로 이를 가족이나 가족법인에 매매나 양도해 소유권을 바꾼 후 임대차계약을 맺으면 된다.

**03** K씨가 사업장을 개인이나 법인에 양도하거나 증여하면 어떤 세금이 나오는가?

- 양도 시 → 양도자는 양도세, 매수자는 취득세를 부담해야 한다.
- 증여 시 → 증여자는 세금이 없으며, 수증자가 개인이면 증여세와 취득세를, 법인이면 법인세와 취득세, 주주 증여세를 부담해야 한다.

**04** K씨가 이 프로젝트를 성공시키기 위해서는 어떤 전제를 충족해야 하는가?

양도나 증여 등으로 부담하는 세금보다 소득 절세액 등이 더 커야 한다. 그런데 단기적으로 보면 후자보다 전자가 더 큰 경우가 많다. 하지만 장기적으로 보면 후자가 더 큰 경우가 많다.

→ 예를 들어, 양도나 증여를 통해 부담하는 세금이 5억 원이라고 하자. 그런데 임대차계약으로 인해 줄어드는 소득세가 5,000만 원이라면 10년이 지나기 전까지는 마이너스 현금흐름이 발생한다. 따라서 이러한 상황에서는 프로젝트를 순조롭게 진행하기가 힘들어진다.

**05** K씨의 상속세는 얼마나 예상되는가? 상속공제액은 20억 원이라고 하자.

상가건물 30억 원과 기타 재산 20억 원을 합하면 50억 원이 된다. 여기에서 상속공제 20억 원을 차감하면, 30억 원이 과세표준이고, 이에 40%의 세율과 1.6억 원의 누진공제액을 적용하면, 10.4억 원 정도의 상속세가 예상된다.

**05** 만일, 이 프로젝트에 상속세 절감도 포함한다면 Q4의 프로젝트를 지지할 가능성이 큰가?

그렇다. 당장 소득세 절감도 중요하지만, 장기적으로 봤을 때 상속세 절감도 크기 때문이다. 따라서 다음과 같은 식으로 의사결정을 내릴 수 있다.

- 상속세+소득세 등 감소액 > 양도세(증여세, 법인세)+취득세 등 증가액 → 개인이나 법인에 양도나 증여함.
- 상속세+소득세 등 감소액 < 양도세(증여세, 법인세)+취득세 등 증가액 → 개인이나 법인에 양도나 증여하지 않음.

➡ 일반적으로 소득세의 절세만을 위해서 개인 부동산을 양도나 증여하면 단기적으로 양도세(증여세, 법인세)와 취득세 등의 부담이 클 수 있다. 하지만 상속세까지 고려하면 장기적으로 개인 부동산의 양도 등이 더 나은 현금흐름을 창출할 수 있다.

> **Tip** 개인 부동산을 법인에 양도할 때의 실무 절차
>
> 첫째, 탁상감정을 받아 효과분석을 한다.
> 둘째, 효과가 있으면 감정평가를 정식으로 받는다.
> 셋째, 법인을 별도로 설립한다.
> 넷째, 개인과 법인 간에 매매계약을 체결한다.
> 다섯째, 법인은 취득세를 낸다.
> 여섯째, 개인은 양도세를 낸다.
> 일곱째, 개인과 법인 간에 임대차계약을 맺는다.
> 여덟째, 개인은 임차료를 반영해 소득세를 신고하고, 법인은 매출에 대해 법인세를 신고한다.

# 업무용 승용차 관련 비용 처리법

기업이 업무용으로 사용하는 승용차는 필수적인 자산에 해당한다. 이에 세법은 그동안 이의 구입비는 물론이고, 이의 운행에 들어간 비용들을 제한 없이 인정해주었다. 하지만 차량의 특성상 사적으로 이용되는 경우가 많아 최근에 다양한 세법상 규제가 도입되었다. 다음에서 주로 고소득 사업자가 알아야 할 업무용 승용차 관련 세법상 규제와 이에 대한 대책을 살펴보자.

### 1. 개인사업자 승용차에 대한 비용 처리법

종전에는 각 기업이 보유한 승용차에 대해 다음과 같은 방식으로 비용 처리를 했다.

첫째, 차량구입비는 5년 내외에서 감가상각했다. 예를 들어, 차량 가격이 5,000만 원이고 5년간 균등 상각을 하면 연간 1,000만 원까지 비용 처리를 할 수 있었다(임의상각).

둘째, 유류비나 수리비 등은 발생한 연도의 비용으로 제한 없이 처리했다.

셋째, 차량을 처분할 때 발생한 손실도 비용으로 처리할 수 있었다.

## 2. 개인사업자 승용차에 대한 3대 규제

이와 같이 차량에 대한 감가상각비와 운행비 등을 무조건 인정하게 되면 당기순이익이 줄어들고, 그에 따라 소득세도 줄어든다. 이에 세법은 사적 사용분에 대한 비용 처리를 제한하고자, 다음과 같은 규제를 통해 세금에 미치는 영향을 최소화하고 있다.

### 첫째, 차량 운행일지 작성

개인사업자(복식부기 의무자)가 차량운행비를 장부에 계상하기 위해서는 원칙적으로 차량 운행일지를 작성해 업무용으로 사용했음을 입증해야 한다. 이 일지는 거래처 방문이나 출퇴근 등을 할 때마다 운행거리 등을 기록하게끔 되어 있다. 다만, 이를 작성하지 않더라도 감가상각비(한도 800만 원)와 운행비를 합해 연간 1,500만 원(소규모 성실신고법인 500만 원)까지는 비용으로 인정하고 있다(처분손실은 별도로 800만 원 한도를 두고 있음).

### 둘째, 업무 전용보험에 가입

개인사업자(복식부기 의무자)가 2대 이상 승용차를 보유하면 1대를 초과한 차량에 대해서는 업무 전용보험에 가입해야 한다. 만약 이에 가입하지 않으면 50~100%를 비용으로 인정하지 않는다. 이 규제 역시 임직원의 가족 등이 사적으로 회사 차량을 이용하는 것을 방지하려는 조치라고 할 수 있다.

참고로 법인이 고가의 차량(8,000만 원 이상)을 취득하면 연두색 번호판을 부착해야 하지만, 개인사업자는 해당하지 않는다.

※ 개인기업과 법인기업의 승용차 관련 규제 내용 비교

| 구분 | 개인기업 | 법인기업 |
| --- | --- | --- |
| ① 업무용 승용차 비용 규제 대상 | 복식부기 의무자 이상 | 모든 법인 |
| ② 운행비 규제 | • 운행일지 작성 : 업무 사용 비율<br>• 운행일지 미작성 : 1,500만 원 | • 좌동<br>• 좌동(단, 소규모 성실신고법인 500만 원) |
| ③ 연두색 번호판 | 부착 의무 없음. | 8,000만 원 이상 승용차는 부착 의무<br>(불이행 시 전액 손금불산입) |
| ④ 업무 전용 자동차보험 가입 | 의무<br>(불이행 시 필요경비 불산입 차등 적용) | 의무<br>(불이행 때 전액 손금불산입) |
| ⑤ 운행명세서 미제출 등 가산세(1%) | 2022년부터 적용<br>(규제대상 차량에 한함) | 좌동 |

## 3. 적용 사례

사례를 통해 위의 내용을 확인해보자.

### 01 앞의 규제는 모든 승용차에 적용되는가?

아니다. 규제 대상 차량은 승용차나 리스·렌탈회사로부터 임차한 승용차가 그 대상이나, 1,000cc 이하의 경차나 화물차 등 개별소비세가 부과되지 않는 차량은 규제에서 제외한다. 한편, 임직원의 차량을 회사가 임차한 때도 이러한 규제를 받지 않는다(이때에는 임대차계약서 갖춰두면 된다).

**02** **개인사업자는 8,000만 원 이상의 차량에 대한 연두색 번호판 규제를 적용받는가?**

아니다. 이 규제는 법인만 규제받는다.

**03** **차량 대수에는 제한이 없는가?**

그렇다. 다만, 운행일지를 작성하지 않으면 연간 1,500만 원(소규모 성실신고법인은 500만 원)까지, 이를 작성하면 그 이상도 가능하다. 이때 대수 제한은 없다. 단, 1대를 초과한 차량에 대해서는 업무 전용보험에 가입해야 한다. 이러한 내용은 리스 차량에도 동일하게 적용된다.

**04** **임직원의 차량을 임대차한 때도 규제 대상이 되는가?**

아니다. 임직원 소유의 차량을 업무에 이용하는 경우에는 임대차계약에 따른 대금을 지급하면 된다. 물론 이때에는 개인과 법인이 특수관계에 해당하므로 임대차계약 내용이 적정해야 한다. 한편 임차한 차량에서 발생한 운행비(감가상각비는 제외)는 사업자의 비용으로 전액 처리할 수 있다.

**05** **승용차를 매각하면 어떤 세무 처리가 뒤따르는가?**

일반과세자의 경우, 세금계산서를 발행해야 하며 양도가액에서 장부가액을 차감해 발생한 손익은 소득세 계산에 반영해야 한다.

### Tip 고소득 사업자의 차량비 : 리스 vs 자차 구입 vs 할부 vs 현금 구입 비교

| 항목 | 운용리스 | 자차 구입(현금) | 할부 구입 |
|---|---|---|---|
| 소유권 | 리스사 소유 | 즉시 소유 | 즉시 소유 |
| 초기 자금 부담 | 낮음. | 높음. | 중간 |
| 비용 처리 | 매월 리스료 전액 비용 처리 가능* | 감가상각비로 분산 처리 | 감가상각비+이자 비용 발생 |
| 부가세 환급(규제 승용차는 제외) | 가능(리스료에 포함된 부가세) | 가능 | 가능 |
| 유동성 영향 | 긍정적 | 부정적 | 부정적 |
| 유지보수 부담 | 일부 리스 상품 포함 가능 | 전적으로 소유자가 부담 | 전적으로 소유자가 부담 |
| 장기 비용 | 상대적으로 높을 수 있음. | 상대적으로 낮음. | 이자 포함 총비용 증가 가능 |
| 차량 교체 유연성 | 우수 | 낮음. | 중간 |

\* 금융 리스의 경우 감가상각비+이자 비용 발생

➲ 고소득 사업자에게 유동성이 중요한 경우, 리스가 유리하며, 이는 초기 비용 부담 최소화와 차량 교체 용이성이 강점이다. 장기 보유를 계획하고 초기 자본이 충분하다면 현금 구입이 비용 절감 측면에서 효과적이다. 할부는 자금 여력이 부족하지만, 소유권 확보를 원하는 경우 적합하다. 단, 금융 비용 부담은 고려해야 한다.

# 상품권 비용 처리법

상품권은 직원 복리후생이나 거래처 접대 시 활용하는 대표적인 비현금 지급 수단이다. 하지만 세법상 상품권의 지급 목적과 사용처에 따라 '복리후생비' 또는 '접대비'로 처리하는 기준이 명확히 다르므로, 올바른 활용과 세무 처리가 중요하다. 다음에서 상품권을 둘러싼 비용 처리에 대해 알아보자.

## 1. 상품권과 비용 처리

### 1) 상품권과 자산 표시
상품권은 재무상태표상 유동자산 중 기타유동자산으로 표시된다. 이후 이를 복리후생비나 접대비 등으로 사용 시 대체회계 처리된다.

### 2) 상품권과 비용 처리
**첫째, 복리후생비**
직원에게 지급하는 상품권은 복리후생비로 처리할 수 있다. 단, 전

직원 또는 일정한 집단을 대상으로 한 지급이어야 하며, 특정 임직원 개인만을 위한 지급은 복리후생비 인정이 어렵다.

> 예 명절, 창립기념일, 생일 등 정기적으로 전 직원에게 균등 지급하는 상품권

### 둘째, 접대비

거래처 접대용 상품권은 접대비로 처리할 수 있다. 거래처 직원 또는 관계자에게 식사 대신 상품권을 제공하는 경우가 대표적이다. 다만, 상품권은 현금 등가성이 높아 접대비 중에서도 국세청의 세밀한 검증 대상이다.

※ **접대비로 인정받기 위한 조건**
- 접대 대상자가 명확하고, 업무 관련성이 입증될 것
- 지출 목적이 업무상 접대임을 증빙할 수 있을 것
- 적정한 범위 내에서 지출할 것

※ **상품권 지급 시 주의할 점**

| 구분 | 복리후생비(직원 지급) | 접대비(거래처 지급) |
|---|---|---|
| 지급 대상 | 전 임직원 또는 일정 집단 | 거래처 직원과 관계자 |
| 세무 처리 구분 | 복리후생비로 손금 인정 가능 | 접대비로 손금 인정 가능 |
| 증빙 필요성 | 지급 명단, 지급 목적, 영수증 등 필수 | 지출결의서, 참석자 명단, 거래처 증빙 필수 |
| 세무 리스크 | 과다 지급 시 사적 비용 인정 가능 | 현금성 상품권은 특히 엄격히 검증받음. |
| 과세 대상 여부 | 원칙적으로 근로소득에 해당함. | 접대비 성격이 강한 만큼 증빙 불충분 시 부인 위험 |

## 2. 적용 사례

서울 마포구 성산동에서 사업을 하는 K씨는 제조와 도소매를 업으로 하고 있다. 그는 연말이나 명절마다 상품권을 구입해 직원이나 거래처에 지급하고 있다.

**01** 직원에게 상품권을 지급하면 이는 개인의 소득에 해당하는가?

그렇다. 복리후생비로 비용 처리는 되지만, 이는 과세되는 근로소득으로 보아 연말정산을 진행해야 한다.

**02** 상품권을 거래처에 지급하는 경우, 접대비로 처리 가능할까?

개인사업자가 신용카드로 구입한 상품권을 거래상대방에게 사업과 직접 관련해 접대 목적으로 사용했다면, 접대비 필요경비 한도 내에서 접대비에 산입할 수 있다.

**03** 접대비로 인정받으려면 사업자 본인의 카드로만 구입해야 할까?

사업자 본인 명의 카드가 아닌 경우라도 업무와 관련해 종업원 명의 카드로 지출한 접대비는 접대비에 포함할 수 있다. 하지만 법인의 경우에는 대표이사 등의 개인카드는 일절 인정하지 않는다. 개인사업자만 종업원카드가 인정된다는 점에 주의하자.

**04** 상품권을 구입해 거래처에 지급하는 경우, 지급대장을 만들어 거래처 명 등을 기재해야 하는가?

의무사항은 아니다. 다만, 거래처별 지급 내역을 명확히 하기 위해 지급대장 작성 및 거래처명 기재가 권장된다. 지급대장을 통해 누가 언제 얼마를 받았는지 기록함으로써 세무상 투명성을 확보할 수 있다. 특히 고액 또는 빈번한 상품권 지급 시 지급대장은 필수다.

### 05 이 사업자의 경우, 상품권을 얼마까지 사야 세무상 문제가 없을까?

이에 대한 정답은 없다. 다만, 매출액 대비 과도한 경우에는 세무상 리스크가 커질 수 있음에 유의해야 한다. 국세청에서 카드명세에서 상품권 구입을 실시간으로 파악해 세무 조사 대상자 선정에 반영할 수 있기 때문이다. 이와 관련해 궁금한 사항이 있다면 저자의 카페에 문의하기 바란다.

# 사택(주거용) 비용 처리법

사택과 기숙사 관련 비용에 대한 세무 처리 시 검토할 것들이 상당히 많다. 해당 자산을 복리후생 목적이 아닌 용도로 사용하는 경우가 종종 있기 때문이다. 다음에서 이에 대해 알아보자.

## 1. 사택과 기숙사의 비용 처리법

### 1) 사택과 기숙사의 차이
- 사택은 회사가 소유 또는 임차한 주택으로서 임직원에게 무상 또는 저가로 제공하는 주택을 말한다(소득세법 시행령 제38조 참조).
- 기숙사는 '학교 또는 공장 등의 학생 또는 종업원 등을 위해 쓰는 것으로서, 1개 동의 공동취사 시설 이용 세대 수가 전체의 50% 이상인 것'을 말한다.

※ **사택과 기숙사에 대한 부동산 세금체계 요약**

| 구분 | 취득세 | 종부세 | 법인세 추가과세 |
|---|---|---|---|
| 사택 | • 중과세 적용<br>• 60㎡ 이하 공동주택은 제외 | • 중과세 적용<br>• 85㎡ 이하 주택 또는 6억 원 이하 주택은 중과 제외<br>(과점주주 등은 미 해당) | 20% 추가과세 적용(단, 10년 이상 제공한 주택은 제외) |
| 기숙사 | • 중과세 미적용<br>• 감면 등 적용 | 종부세 면제 | 추가과세 미적용 |

### 2) 고소득 사업자의 사택과 기숙사 관련 비용 처리법

고소득 사업자가 임직원을 위해 마련한 사택과 기숙사에 대한 비용 처리 시 세법상 몇 가지 중요한 원칙과 제한사항이 있다.

**첫째, 사택과 기숙사의 업무 관련성 인정 여부**

임직원의 업무 수행과 직접 관련성이 있으면 업무용으로 인정된다. 예를 들어, 사업장과 거리가 멀거나 교통이 불편해 사택 또는 기숙사를 제공하는 경우가 대표적이다.

**둘째, 사택 및 기숙사 비용의 범위와 한도**

임대료, 관리비, 유지보수비 등 실제 지출된 비용 중 업무용으로 인정되는 부분만 비용 처리가 가능하다. 임직원의 개인적 용도와 구분해 업무 관련 비용만 반영해야 한다.

**셋째, 사택 제공에 따른 임직원 소득세 문제**

사택과 기숙사 제공은 복리후생의 성격으로 원칙적으로 비과세 근로소득에 해당한다(소득세법 시행령 제17조의4).

※ **사택(주거용)과 세무상 쟁점 요약**

| 구분 | 상시 주거용(사택) | |
|---|---|---|
| | 본인 | 직원(소액출자 임원 포함) |
| 사업자의 취득에 대한 규제 | 업무무관자산* | 없음. |
| 본인 사용에 대한 규제 | 업무무관자산* | – |
| 직원 사용에 대한 규제 | – | 없음. |

\* 단, 휴양용이든 사택이든 본인만 활용하는 경우에는 업무무관자산에 해당한다.

## 2. 적용 사례

사례를 통해 위의 내용을 확인해보자.

**01 사택이란 무엇을 의미하는가?**

사택은 임직원의 근무 편의와 복리를 위해 제공하는 주거용 건물을 말한다. 보통 사업장 근처에 위치해 업무 수행에 도움을 주는 주거 공간이 이에 해당한다.

**02 자가 소유 사택에서 직원이 거주하는 경우, 월세와 관리비를 얼마나 받아야 세법상 문제는 없는가?**

임직원에게 무상 또는 시가 이하로 제공해도 문제없다.

**03 자가 소유 사택에서 개인사업자나 그의 가족이 거주하면 세법상 문제는?**

해당 사택은 업무무관자산으로 간주된다. 따라서 사택과 관련된 모든 비용(관리비, 감가상각비, 수리비 등)은 사업 비용에서 제외되어야 한다.

### 04 개인 병·의원 원장 등 사업자가 사업장과 가까운 곳에서 오피스텔을 빌린 후 거주하면 사택으로 비용 처리가 가능할까?

사업자가 본인 거주용으로 빌린 오피스텔은 사업용 자산으로 보기 어려워 비용 처리가 제한된다.

### 05 Q4의 오피스텔에서 업무도 겸할 때는 비용 처리가 가능한가?

오피스텔을 사업자가 본인 거주용으로 빌리면서 일부 공간을 업무용으로도 사용한다면, 업무용으로 사용한 비율만 비용 처리가 가능하다. 예를 들어, 전체 면적 중 30%를 업무 공간으로 사용한다면, 임대료, 관리비 등 지출 비용의 30%만 업무 관련 비용으로 인정받을 수 있다. 다만, 이를 위해서는 업무와 주거 공간이 명확히 구분되어야 하며, 비용 처리를 위해서는 업무 사용 비율을 객관적으로 증빙할 수 있어야 한다.

➡ 만약 업무와 주거가 명확히 구분되지 않거나 업무 비중이 미미하면, 비용 인정이 어렵다.

### ※ 사택 운영 규정(샘플)

**제1조**(목적)
이 규정은 본 회사가 임직원에게 사택을 제공하면서 운영 기준 및 절차를 명확히 하여 공정하고 합리적인 복리후생을 도모함을 목적으로 한다.

**제2조**(정의)
'사택'이란 회사가 소유 또는 임차하여 임직원에게 주거 목적으로 제공하는 주택을 말한다.
'입주자'란 회사로부터 사택을 배정받아 사용하는 임직원을 말한다.

**제3조**(적용 대상)
본 규정은 회사의 대표이사 및 일정 직급 이상의 임직원을 대상으로 하며, 인사위원회 또는 대표이사의 승인에 따라 사택을 제공할 수 있다.

**제4조**(배정기준)
사택 제공은 업무상 필요성과 직급, 근속연수, 가족 사항 등을 종합적으로 고려하여 결정한다.
사택 제공 기간은 원칙적으로 1년으로 하며, 연 단위로 연장할 수 있다.

**제5조**(입주부담금)
입주자는 매월 일정 금액의 사용료(입주부담금)를 부담해야 하며, 그 금액은 시가 또는 인근 유사주택 임대료 등을 고려하여 산정한다.
입주부담금은 급여에서 공제하거나 별도로 납부할 수 있다.

**제6조**(관리 및 유지비)
공과금(전기, 수도, 가스 등)은 원칙적으로 입주자가 부담한다.
건물 유지·보수는 회사가 부담하되, 고의 또는 과실에 따른 훼손은 입주자가 책임진다.

**제7조**(사택 사용의 제한)
사택은 입주자 본인과 그 가족의 주거 목적으로만 사용해야 하며, 제삼자에게 전대할 수 없다.
업무상 필요가 없어진 경우 또는 퇴직·이직 시 즉시 반납해야 한다.

**제8조**(세무 처리 및 신고)
사택 제공 시 관련 법령에 따른 근로소득 간주 및 원천징수 의무를 이행한다.
대표이사 등 특수관계인이 사용하는 경우, 부당행위계산 부인을 방지하기 위해 입주부담금 납부 및 관련 회계 처리를 정기적으로 검토한다.

**제9조**(기타)
이 규정에 명시되지 않은 사항은 회사 내규 및 관계 법령에 따라 처리한다.

# 기업부설 연구소비용 처리법과 세제 지원

연구소 설립을 원하는 사업자들이 많다. 경비 처리는 물론이고, 세법상 투자 세액공제나 연구개발비 세액공제 같은 세제 지원을 받을 수 있기 때문이다. 다만, 이와 관련해서는 다양한 쟁점들이 발생하고 있으므로 사전에 여러 가지를 점검할 필요가 있다. 다음에서 이에 대해 알아보자.

## 1. 연구소 설립 시 검토해야 할 것들

**첫째, 기업부설 연구소의 설립 요건**

연구소로 인정받기 위해서는 관련 정부 기관(한국산업기술진흥협회)에 정식 등록해야 한다. 연구개발 활동이 주된 목적이어야 하며, 별도의 독립된 공간과 연구 인력 등이 필요하다.

➜ 기업부설 연구소 설립에 관한 정보는 '기업부설 연구소/전담부서 신고관리' 홈페이지(www.rnd.or.kr) 등을 참조하기 바란다.

**둘째, 연구소 지출의 자산과 비용 구분**

연구 장비, 시설 등 장기 사용이 예상되는 자산은 자본적 지출로 처리해 감가상각한다. 인건비, 재료비, 외주 용역비 등은 비용으로 처리한다.

➡ 세액공제를 위해서는 지출 목적과 성격에 따라 명확히 구분해야 한다.

**셋째, 기업부설 연구소에 대한 세제 지원**

투자 세액공제, 연구개발비 세액공제 등 다양한 세제 혜택을 받을 수 있다.

공제 대상과 한도, 신청 절차 등을 사전에 정확히 파악해야 한다.

※ **기업부설 연구소와 세제 지원 요약**

| 구분 | 주요 내용 | 감면 내용 | 근거 |
|---|---|---|---|
| 취득세 | 연구소 신축·증축·개축 시 부동산 취득에 대해 감면 | 최대 35~60% 감면 | 지특법 제46조 |
| 재산세 | 연구소용 건축물 및 부속 토지에 대해 감면 | 최대 35~50% 감면 | |
| 소득세/법인세 | 연구·인력개발비 세액공제 | 중소기업 25% 등 세액공제 | 조특법 제10조 |

➡ 연구개발비 세액공제 적용 시, 통합 투자 세액공제 등과는 중복공제가 적용되지 않는다. 따라서 이 중 가장 유리한 것을 선택하면 된다.

## 2. 적용 사례

사례를 통해 위의 내용을 확인해보자.

### 01 개발비가 무형자산에 해당하려면 어떤 요건을 갖춰야 하는가?

기술적 실현 가능성이 있어야 하고, 미래 경제적 효익이 예상되어야 하며, 개발비를 신뢰성 있게 측정할 수 있어야 한다.

➔ 이에 관한 판단은 전문가의 의견을 들어 사업자가 결정한다.

### 02 무형자산인 개발비는 상각 기간이 얼마나 되는가? 그리고 상각 방법은?

상각 기간은 통상 20년 내에서 연 단위로 신고한 기준(무신고 시 5년)으로 정하며, 상각 방법은 정액법이 원칙이다.

### 03 연구개발비가 당기 비용으로 처리되는 요건은?

연구단계 지출로 미래 효익이 불확실해 기초연구, 실험, 시제품 제작 전 단계의 비용은 전액 당기 비용(연구개발비)으로 처리한다. 즉, 손익계산서에 바로 비용으로 반영된다.

### 04 K사업자는 연구개발을 진행하기 위해 직원을 채용하고 인건비를 지급했다. 이에 대한 연구개발비 세액공제를 받을 수 있는가?

가능하다. 연구개발비 세액공제(조특법 제10조 등) 대상에 연구 및 인력개발을 위한 인건비를 포함하고 있기 때문이다. 단, 이를 위해서는 기업부설 연구소 또는 연구개발 전담부서로 인정받아야 한다(한국산업기술진흥협회 신고). 또한, 연구개발 세액공제를 받기 위해서는 연구과제, 인원, 비용 집계 등 근거 자료 보관은 필수다.

➔ 연구개발 세액공제를 안전하게 받으려면 국세청에서 시행하고 있는 세액공제 확인 제도를 이용하면 좋을 것으로 보인다. 다음 내용을 참조하기 바란다.

① 사전확인 신청 대상
- 연구개발비 세액공제를 처음 신청하려는 기업
- 과거에 공제받은 연구개발비와 다른 유형의 연구개발비를 새로 신청하려는 기업 등

② 신청 방법
- 국세청 홈택스 접속, 로그인 후 '조회/발급' 메뉴에서 '세액공제 사전확인 신청'을 선택
- 필요 서류 제출 : 연구개발비 지출 내역서, 연구개발 계획서 및 보고서 회계 처리 내역서, 기타 국세청이 요구하는 관련 서류

③ 국세청 검토 및 회신 : 신청 후 약 30일 이내에 결과 회신

### Tip 기업부설 연구소 설립 요건과 절차

| 구분 | 내용 | 세부 요건/비고 |
|---|---|---|
| 등록 기관 | 한국산업기술진흥협회(KOTEC) 등 | 기업부설 연구소 등록 담당 |
| 주요 목적 | 연구개발(R&D) 활동 | 기술개발, 신제품·신기술 연구 등 |
| 공간 요건* | 독립된 연구 공간 | 사무실과 분리된 R&D 전용 공간 |
| 인력 요건** | 전담 연구 인력 | 일정 기준 이상의 연구원 배치 필요 (소기업 3명 등) |
| 설비 요건 | 연구 장비·시설 | 연구 목적에 맞는 장비·기구 갖춤 |
| 등록 절차 | 1. 신청서 제출 | |
| | 2. 서류 심사 | |
| | 3. 현장 실사 | 승인 후 '기업부설 연구소' 인증서 발급 |
| 유효성 | 기업부설 연구소 인증 | 세제 혜택 등 |
| 세제 혜택 예시 | R&D 세액공제, 감면 등 | 법인세·소득세 감면 등 |

\* 연구소는 독립된 전용 연구 공간(별도 구획)을 확보해야 한다. 사무실과 분리되어 연구 및 실험에 적합한 시설과 장비를 갖추어야 한다.

\*\* 연구개발 업무를 수행하는 전담 연구원이 최소 3인(소기업) 이상이어야 한다. 이때 연구 인력은 정규직으로 해당 분야 전문성을 갖춘 인력이어야 한다. 참고로 연구 인력에는 배우자, 직계존비속, 형제자매 등도 포함하나, 실제 근무와 연구개발 활동을 수행해야 한다.

## 절세 탐구 | 소득 분산이 절세의 핵심인 이유

고소득 사업자는 소득이 늘어날수록 세금 부담이 기하급수적으로 커진다. 따라서 앞에서 본 필요경비를 늘리는 등의 방법이 여의치 않으면, 과세 구조를 바꾸는 소득 분산을 꾀할 수 있다. 다음은 고소득 사업자들이 실무에서 활용할 수 있는 대표적인 소득 분산 전략에 해당한다. 구체적인 내용은 뒤에서 순차적으로 알아본다.

### 1. 소득 분산을 하는 방법

**첫째, 단독사업을 공동사업으로 바꾼다.**

개인보다는 공동사업을 통해 소득을 분산할 수 있다. 소득이 한 사람에게 집중될수록 누진세율로 인해 세금이 급격히 증가하기 때문이다. 따라서 배우자나 자녀 등과 공동사업자로 등록해 수익을 분산하면 각자의 과세표준이 낮아지고 세율도 완화된다. 예를 들어, 한 개인이 연간 2억 원의 순소득을 올릴 경우, 이를 5 : 5로 나누면 각각의 과세표준이 낮아져 1,000만 원 이상 세금이 절감될 수 있다. 5장에서 다룬다.

**둘째, 개인소득을 법인소득으로 바꾼다.**

개인사업자는 일정 소득 이상일 경우, 법인전환을 고려할 필요가 있다. 개인사업자에게 적용되는 종합소득세율은 최대 45%까지 올라가지만, 법인세율은 최고 25%(통상 10~20% 선)로 상대적으로 낮기 때문이다. 실제 일정 규모 이상의 우량 사업자는 법인을 설립함으로써 소득 분산 효과, 급여 지급 전략, 법인 비용 처리 등 다양한 절세 효과를 기대할 수 있다. 6장에서 살펴본다.

⊃ 이러한 원리는 직장인이든 아니든 모두가 알아두면 유용할 세금 상식에 해당한다.

**셋째, 상속 설계를 통해 소득의 귀속을 바꾼다.**

　기업을 영위하는 중에 상속이 발생하면 상속세를 내야 하지만, 세법상 가업 승계 제도를 이용하면 세 부담 없이 가업을 승계할 수 있다. 9장에서 살펴본다.

⊃ 가업 승계도 직장인이든 아니든 모두가 알아두는 것이 좋다.

※ 고소득 사업자의 주요 소득 분산 전략

| 절세 전략 | 비고 |
|---|---|
| 1. 공동사업을 통한 소득 분산 | 배우자·자녀와 공동사업 형식 → 과세단위 분산을 통한 누진세율 완화 |
| 2. 개인사업을 법인으로 전환 | 법인세율(최대 25%)은 종합소득세율(최대 45%)보다 유리할 수 있음. |
| 3. 가업 승계를 통해 재산과 소득을 이전 | 개인의 재산과 소득이 가업 승계를 통해 세 부담 없이 이전 |

　이외 종합과세 항목을 비과세나 분리과세 항목으로 바꾸거나, 양도소득을 사업소득으로 바꾸는 등의 방법도 있다. 예를 들어, 부동산을 단기 양도하면 높은 세율(70% 등)의 양도세가 발생하지만, 매매소득으로 바꾸면 낮은 세율(6~45%)의 사업소득세가 발생한다.

## 2. 적용 사례

　사례를 통해 위의 내용을 확인해보자. 참고로 이 사례는 개인의 소득을 법인의 소득으로 바꾸는 유형에 해당한다.

〈자료〉
• K씨는 10억 원 상당액을 시행사에 투자하려고 함.
• 시행사에서는 이에 대한 대가 2억 원 이상 지급할 가능성이 큼.

### 01 시행사에서 받은 금액은 이자소득인가, 아니면 배당소득인가?

시행사가 지급하는 대가가 이자인지, 배당인지에 따라 소득의 구분이 달라진다. 일반적으로 투자금에 대해 정기적·확정적으로 지급되는 수익은 이자소득이며, 투자 지분에 대한 이익 배분 형태라면 배당소득에 해당한다.

➡ 사례의 경우에는 시행사가 투자금에 대해 '대가' 명목으로 이자 지급을 약정한 것으로 보아 이자소득에 해당한다.

### 02 K씨가 개인적으로 투자 후 그 대가로 2억 원을 받으면 원천징수세액은 얼마인가?

이자소득은 기본적으로 14%(15.4%)로 적용되나, 비영업대금이익(개인 간의 이자를 말함)은 25%(27.5%)로 원천징수된다. 따라서 원천징수세액은 다음과 같다.

• 원천징수세액 = 2억 원×25% = 5,000만 원(5,500만 원)

### 03 K씨는 Q2에서 낸 세금으로 납세 의무가 종결되는가?

아니다. 금융소득이 2,000만 원을 초과하면 금융소득에 대해 종합과세된다. 사례의 경우 다음과 같이 계산된다. 소득공제 등은 무시하자.

- 산출세액 = 2억 원×38%-1,994만 원(누진공제) = 5,606만 원

### 04 K씨가 법인을 세워 이자를 받으면 원천징수세율은?

법인은 이자소득과 배당소득 중 집합투자기구로부터의 이익 중 투자신탁 이익에 한정해 원천징수 의무가 있다. 따라서 사례의 경우에는 원천징수를 하지 않아도 된다.

| 구분 | 원천징수세율 | 비고 |
|---|---|---|
| 개인 | 27.5% | (소득세 25%+지방소득세 2.5%) |
| 법인 | 원천징수 대상 아님. | 원천징수 생략, 법인세로 정산 |

### 05 법인을 세운 경우, 어떤 식으로 납세 의무가 종결되는가?

법인세 신고에 따라 납세 의무가 종결된다. 사례의 경우, 이자소득(배당소득과 임대소득 포함)이 매출액의 50% 이상 차지하면 소규모 성실신고 법인에 대한 법인세율을 검토해야 한다(일반법인은 10~25%, 소규모 성실신고 법인은 20~25%).

### 07 법인에서 투자한 경우 법인세는 얼마인가?(법인세율 20% 적용)

법인의 이자수익 2억 원에 대해 20%의 법인세를 적용하면 다음과 같다.

- 법인세 = 2억×20% = 4,000만 원

### 08 만일 법인의 대표이사 급여 등으로 비용이 1억 원이 발생한 경우 위의 법인세는 얼마나 되는가?

- 법인세 = 1억 원×20% = 2,000만 원

## 09 사례를 통해 얻을 수 있는 교훈은 무엇일까?

　개인과 법인 투자 시 세율과 납세 절차가 다르므로 절세 전략을 잘 세워야 한다. 사례의 경우에는 개인 투자보다는 법인 투자가 실익이 있다고 보인다.

# 제 5 장

# 공동사업 운영과 세금 절감 전략

# 공동사업과
# 세무상 쟁점

 자영업을 2인 이상 공동으로 영위하는 때도 있다. 이렇게 사업을 하면, 단독사업과 비교해볼 때 세무상 쟁점 등이 달라질 수 있다. 다음에서 이에 대해 알아보자.

## 1. 공동사업과 세무상 쟁점

### 1) 손익분배

 공동사업자는 출자비율 또는 약정 비율에 따라 손익을 분배한다. 약정이 없는 경우, 세법상 동등한 비율로 간주하므로 계약서에 명확히 기재해야 한다. 만약 손익분배비율 변경 시에는 변경 시점 이후 손익부터 이를 적용한다.

> ● 경영에 전혀 참여하지 않고 배분만 받는 경우, 실질적으로 배당소득(27.5% 원천징수)에 해당하므로 주의해야 한다. 참고로 세무 조사 시 '명의대여'로 판단될 경우, 불이익이 발생할 수 있다.

## 2) 비용 처리

사업 관련 비용만 필요경비로 인정된다. 이때 주의해야 할 항목은 다음과 같다.

- 개인 비용 : 가사경비, 사적 소비는 불인정
- 차량 비용 : 업무 사용분만 인정, 운행기록부 필요, 2대 이상은 업무 전용 보험 가입이 필요(복식부기 의무자)
- 경조사비 : 거래처 등 업무 관련 시 인정
- 건보료 : 사업자 개인 부담분도 인정
- 이자 비용 : 사업 관련 차입금만 인정, 출자금 관련 비용은 불인정

## 3) 소득금액 배분과 소득세 신고

소득금액은 1 사업장을 기준으로 총액을 계산한 후 공동사업자의 지분율에 따라 각 공동사업자에게 배분한다. 이후 각자의 종합소득세 신고서에 배분받은 금액을 합산해 신고한다.

## 4) 지분 매매 시 세무 문제

공동사업 지분 양도 시 영업권이 포함될 경우, 영업권 가액에 대한 과세 문제(기타소득 또는 양도소득)를 중점적으로 검토해야 한다.

# 2. 적용 사례

사례를 통해 위의 내용을 확인해보자.

**01** 두 명이 50 : 50 비율로 출자해 카페를 운영 중인데, 계약서에 손익 분배비율을 기재하지 않았다면 어떻게 될까?

세법상 동등한 비율(50 : 50)로 간주해 소득을 배분한다.

### 02 공동사업자가 사업에 참여하지 않고 단순히 배당만 받는 경우, 소득은 어떻게 과세하나?

실질적으로 배당소득으로 과세(27.5% 원천징수)될 수 있으며, 세무 조사 시 '명의대여'로 판단되면 소득 전액이 실제 경영자에게 귀속되어 과세될 위험이 있다.

### 03 공동사업자 중 한 명이 자신의 자녀 대학등록금을 사업 경비로 처리했다면 인정될까?

가사 관련 지출로 보아 필요경비로 인정되지 않는다. 사업과 직접 관련된 지출만 경비 처리가 가능하다.

### 04 공동사업에서 사용하는 차량을 개인용과 혼합 사용하고 있다면?

업무 사용분만 인정되며, 2대 이상 차량은 업무 전용 자동차보험 가입이 필수다(복식부기 의무자 이상). 운행기록부로 업무 사용 사실을 입증해야 한다.*

* 물론 이를 작성하지 않으면 1대당 1,500만 원까지 비용 처리를 할 수 있다.

### 05 공동사업 지분을 제삼자에게 양도하면 어떤 세금이 부과될까?

영업권이 포함될 경우, 영업권 가액에 대해서도 별도의 과세가 이루어진다.

| 구분 | | 소득 발생 | 비고 |
|---|---|---|---|
| 사업용 순자산 | 장부가로 인수 | 없음. | |
| | 시세대로 인수 | 처분 손익 발생 | |
| 영업권 | 부동산과 함께 양도 | 양도소득 | 양도세로 분류과세 |
| | 부동산 없이 양도 | 기타소득 | 필요경비율 60% |

**06** 공동사업 총매출이 업종별 성실신고확인 대상 기준금액을 초과했는데, 지분이 작은 공동사업자도 성실신고확인서를 제출해야 하나?

그렇다. 성실신고확인 대상 여부는 공동사업 전체 매출 기준으로 판단하므로, 지분이 작더라도 공동사업자 전원이 성실신고확인서를 제출해야 한다.

### Tip 가족 사업의 형태와 사업구조

① 개인 단독사업
  가족 중 1인을 대표로 하고, 나머지는 직원으로 등재하는 방법
② 공동사업
  가족 중 2인 이상을 공동대표로 하는 방법
③ 가족법인
  법인을 설립해 법인으로 사업을 관리하는 방법

# 공동사업자의 비용 처리법

공동사업자는 사업자가 여러 명이 될 수 있으므로, 소득세 신고 방법이 단독사업자와는 다를 수밖에 없다. 그런데 세법은 공동사업장 자체를 1거주자(사업장)로 간주하므로 사업과 직접 관련된 비용 처리는 그다지 어렵지 않다. 하지만 공동사업자가 개인별로 지출하는 비용에 대해서는 몇 가지 주의할 것이 있다. 다음에서 이에 대해 알아보자.

## 1. 공동사업자의 비용 처리법

### 1) 사업장 관련 비용

공동사업자가 사업장과 관련해 지출한 임대료, 수도·광열비, 관리비, 감가상각비 등은 비용 처리가 가능하다.

### 2) 개인 관련 비용

접대비, 복리후생비, 차량비 등 공동사업자 각자가 지출한 비용도 업무와 관련성이 있으면 모두 비용으로 인정된다.

- 건보료 → 각 사업자가 내는 건보료도 비용으로 인정된다.
- 차량비 → 각 사업자가 운행하는 차량비도 동일한 방법으로 비용 처리가 가능하다. 단, 업무용 전용보험 등의 가입 의무가 있다.
- 접대비 → 업무와 관련된 경우 비용으로 인정된다.

### 3) 이자 비용

공동사업자의 차입금 이자에 대해서는 다음과 같이 처리한다. 자세한 내용은 뒤에서 살펴보자.

- 공동사업 명의 차입금 → 공동사업 비용으로 처리할 수 있다.
- 개인 명의 차입금 → 사업 관련 이자면 비용 처리가 가능하다.
- 출자금 관련 차입금 → 비용 처리를 할 수 없다.

## 2. 적용 사례

사례를 통해 위의 내용을 확인해보자.

〈자료〉
- 5명이 공동으로 사업을 영위하고 있음.
- 연간 매출 : 100억 원
- 연간 비용 : 50억 원(개인 비용 제외)

**01** 위 자료상으로 볼 때 개인당 분배소득금액은 얼마나 예상하는가?

연간 매출액은 100억 원이고, 사업 관련 비용(개인 비용 제외)은 50억 원이다. 소득금액은 100억 원에서 50억 원을 뺀 50억 원이 된다. 따라서 5명이 공동사업에 참여하고 있고, 손익분배비율이 같다고 가정하면 각자의 소득금액은 50억 원 ÷ 5명 = 10억 원이 된다.

### 02 5명의 사업자는 각자의 승용차를 가지고 출퇴근을 하고 있다. 그런데 운행일지는 작성하고 있지 않다. 그렇다면 1대당 1,500만 원까지 비용 처리가 가능한가? 단, 업무 전용보험에 모두 가입을 했다.

업무 전용 자동차보험에 가입한 경우에는 운행기록부를 작성하지 않더라도 차량 1대당 연간 1,500만 원까지는 필요경비로 인정받을 수 있다. 따라서 이 사례에서도 차량별로 연 1,500만 원 한도 내에서 비용 처리가 가능하다.

### 03 접대비 한도는 개인별로 적용하는가, 아니면 사업장별로 적용하는가?

공동사업장은 세법상 1개의 사업장으로 보아 접대비 한도를 계산한다. 따라서 사례의 경우, 접대비 한도는 5명 각각이 아닌 사업장 단위로 적용된다.

### 04 5명 각자가 부담하는 건보료는 사업장의 경비로 인정되는가?

그렇다. 공동사업자도 각자가 납부하는 건보료를 사업장 경비로 처리할 수 있다.

### 05 5명이 각자 지출하는 식비 등은 사업장의 경비로 인정되는가?

일반적으로 공동사업자가 자신의 생활비나 개인 식비로 지출하는 금액은 가사경비에 해당해 필요경비로 인정되지 않는다. 다만, 사업 관련 회의나 접대 등 업무 목적이 명확하고, 관련 증빙(세금계산서·영수증 등)을 갖추면 접대비나 회의비로 인정받을 수 있다. 단순히 점심이나 저녁 식사비 등 개인 성격의 식비는 경비로 처리할 수 없다.

> ➔ 실무에서는 이를 일일이 확인하기가 불가능하므로 복리후생비나 접대비로 처리하는 경우가 일반적이다.

# 공동사업자의
# 이자 비용 처리법

공동사업자가 부담하는 이자 비용에 대해서는 주의가 필요하다. 출자금과 관련된 이자 비용은 비용으로 인정되지 않기 때문이다. 다음에서 이에 대해 알아보자.

## 1. 공동사업자와 이자 비용

### 1) 출자금 관련 이자 비용

공동사업자의 출자금은 사업 운영을 위한 자본금으로 간주된다. 출자금에 대해 공동사업자 간 자금 거래가 발생할 경우, 단순 출자금 증액이나 반환은 이자 비용과 무관하다.

### 2) 출자금이 아닌 경우의 이자 비용

공동사업자가 금융기관에서 차입한 사업자 대출금에 대한 이자는 원칙적으로 업무 관련성이 인정되어 비용 처리가 가능하다. 단, 대출 용도가 명확하지 않거나 사적 용도로 사용된 경우 비용 부인의 가능성이 있다.

## 2. 적용 사례

사례를 통해 앞의 내용을 확인해보자.

〈자료〉
- A와 B는 공동사업을 하기로 약정을 했음.
- 초기 투자금이 필요해 A와 B는 각자 1억 원씩 출자하기로 함.
- 이 중 A는 은행으로부터 대출을 받음(이자율은 4%임).

**01** A의 출자금은 대출을 받은 것이다. 그렇다면 이에 대한 이자는 비용 처리가 되는가?

세법상 '출자지분'은 사업의 자본구성에 해당하므로, 그 조달 과정에서 발생한 이자 비용은 개인 부담이 원칙이다. 따라서 A가 대출로 출자금을 마련했다 하더라도 해당 이자는 사업 경비가 아닌 A의 개인 비용으로 본다.

**02** A와 B는 부동산 매입을 위해 각각 5억 원씩 조달하기로 했다. 이 중 B만 차입금을 조달한 경우, 관련 이자는 비용 처리가 되는가?

부동산이 공동사업에 직접 사용되는 사업용 자산이라면, 이를 취득하기 위해 발생한 차입금 이자는 원칙적으로 필요경비로 인정된다. 다만, 해당 부동산이 공동사업 명의로 취득되고, 차입금도 사업 목적임이 명확히 입증되어야 한다. 따라서 B가 차입한 자금이 사업용 부동산 매입에 직접 사용된 것이 증빙되면, 해당 이자는 사업 경비로 처리할 수 있다.

### 03 Q2에서 A와 B가 공동으로 은행을 통해 차입금을 조달하면 해당 비용은 이자 비용으로 처리할 수 있는가?

그렇다. 공동으로 조달한 차입금이 사업용으로 사용되고, 차입계약서 및 사용 내역에서 사업 관련성이 명확하다면, 공동사업 경비로서 필요경비에 산입할 수 있다. 이 경우에는 차입금 원리금 상환과 이자 부담 비율을 공동사업 약정서에 명확히 기재하는 것이 중요하다.

> **Tip 공동사업계약서상 출자금 표시법**
>
> 세법상 공동사업 출자금에 대해서는 이자 지급 자체가 부인되므로, 계약서에서 출자금과 차입금을 명확히 구분하는 것이 핵심이다. 다음을 참조하자.
>
> **※ 공동사업계약서 조항 샘플 (출자금과 차입금 구분)**
>
> 제○조 [출자 및 출자금의 성격]
> ① 갑과 을은 본 공동사업을 영위하기 위하여 별지 1의 출자금 내역과 같이 출자한다.
> ② 각 공동사업자의 출자금은 공동사업의 자본으로서, 이에 대하여는 어떤 상황에서도 이자 지급을 청구할 수 없다.
> ③ 출자금의 반환은 본 계약의 종료 또는 청산 시, 잔여재산의 분배 절차에 따른다.
>
> 제○조 [차입금 및 이자]
> ① 공동사업의 원활한 운영을 위하여 공동사업 명의 또는 공동사업자를 통하여 차입한 금액은 출자금과 구분하여 관리한다.
> ② 위 차입금에 대해서는 차입자와 공동사업 간의 약정에 따라 통상적인 이자율을 적용하여 지급할 수 있으며, 이 경우 지급되는 이자는 공동사업의 필요경비로 계상한다.
> ③ 차입금의 원금 및 이자 상환 방법은 별도 약정서에 따른다.

# 공동사업 소득금액 배분 및 소득세 신고법

공동사업자는 소득금액을 어떤 식으로 분배받고, 어떤 식으로 소득세를 신고하는지 좀 더 구체적으로 알아보자.

### 1. 공동사업자의 소득금액 배분 및 소득세 신고법

첫째, 공동사업에서 발생하는 손익은 공동사업자들 간에 사전에 약정한 배분 비율에 따라 각자의 소득으로 분배된다. 이때 이익은 물론이고 결손금이 난 경우에도 이를 분배받는다.

둘째, 공동사업에서 분배받은 소득금액은 공동사업자 개별의 소득으로 보고, 다른 소득과 합산해 종합소득세 신고 대상이 된다.

셋째, 성실신고확인 대상 여부 판단 시에는 개별 공동사업자의 지분이나 매출 규모가 아닌, 공동사업장 전체의 매출액을 기준으로 판단한다.

→ 공동사업 전체의 매출액이 일정 기준을 초과하면 공동사업에 참여한 모든 사업자가 성실신고확인 대상자로 지정될 수 있으므로, 이에 따른 신고 의무와 절차를 철저히 준비해야 한다.

※ 업종별 성실신고확인 대상 기준

| 업종 구분 | 금액 기준 | 비고 |
| --- | --- | --- |
| 도·소매업 | 15억 원 이상 | 당해 연도 기준* |
| 제조업, 음식점업 | 7.5억 원 이상 | |
| 임대업, 서비스업 | 5억 원 이상 | |

* 전년도가 아닌 당해 연도의 매출액 이상이면 성실신고확인 제도가 적용된다.

## 2. 적용 사례

사례를 통해 위의 내용을 확인해보자.

〈자료〉
- 2명의 공동사업을 영위하고 있음.
- 위의 2명은 가족임.
- 소득분배비율은 5 : 5임.
- 매출액은 10억 원이며, 비용은 6억 원임.

**01** 각자의 소득금액 배분액은 얼마인가?

사업의 소득금액은 매출액 10억 원에서 비용 6억 원을 차감한 4억 원이다. 소득분배 비율이 5 : 5로 같으므로, 각 사업자의 소득금액은 4억 원 ÷ 2 = 2억 원씩 배분된다.

### 02 각자는 어떤 식으로 소득세를 내는가?

각 사업자는 자신에게 배분된 2억 원을 사업소득으로 보고 종합소득세 신고를 해야 한다. 사업소득 외에 다른 소득(근로소득, 금융소득 등)이 있으면 모두 합산해 종합소득세를 산출한다.

### 03 이 경우, 건보료는 어떤 식으로 부과되는가?

공동사업자 각각의 건보료는 사업소득에 근거해 직장 또는 지역 가입자로서 산정된다. 즉, 각자 배분받은 2억 원을 포함한 종합소득을 기준으로 건보료가 산출된다.

### 04 이 업종은 음식점업인데 성실신고확인 제도가 적용되는가?

음식점업의 경우, 성실신고확인 대상 기준은 연간 수입금액 7.5억 원 이상이다. 이 사례에서는 매출액이 10억 원으로 이 기준을 초과하므로, 공동사업장 전체 매출액 기준에 따라 성실신고확인 대상자로 지정된다. 이에 따라 공동사업자 모두 성실신고확인서 제출 의무가 발생한다.

### 05 만일 사업을 단독사업으로 하되, 한 사람에 대해서는 근로소득자로 신고하면 세금과 건보료는 어떤 식으로 바뀔까?

단독사업자로 사업을 운영하면서 한 사람을 근로자로 신고하면, 근로자는 사업소득이 아닌 근로소득으로 세금을 납부하게 된다. 이 경우, 다음과 같이 처리된다.

- 세금 : 근로자는 원천징수 방식으로 소득세가 징수되고, 연말정산을 통해 세금을 정산한다.

- 건보료 : 근로자는 직장 가입자가 되며, 사업주와 근로자가 건보료와 국민연금보험료를 절반씩 부담한다.

### 06 사례의 경우 법인으로 운영하면 좋을까?

법인은 개인과 달리 운영 방식, 세금, 건보료 등에서 차이가 나므로 사전에 면밀한 분석을 통해 의사결정을 해야 한다. 일반적으로, 소득세율이 35% 이상인 경우에는 법인전환을 검토하는 것이 좋다. 매출 기준으로는 10억 원가량이 된다. 물론 이외에도 다른 기준이 있을 수 있다. 자세한 내용은 6장 이후를 참조하기 바란다.

# 공동사업자의 지분 양도와 세금 처리법

공동사업자가 지분을 양도할 때 다양한 세무상 쟁점이 발생한다. 특히 권리금(영업권)이 발생할 때가 그렇다. 다음에서 이에 대해 알아보자.

## 1. 공동사업자의 지분 양도와 세무상 쟁점

첫째, 사업용 자산·부채의 대가는 일반적으로 소득세가 부과되지 않는다.

사업용 자산과 부채는 대부분 장부가로 인수되기 때문에 소득세가 발생하지 않는다.*

* 재고자산 등을 시가로 평가해 지분을 양도하면 사업소득세가 많이 증가하므로, 자산과 부채는 장부가로 책정하고 영업권을 별도로 평가해 지분을 양도한다.

➡ 다만, 부동산은 시가로 평가하게 되므로 이에 대해서는 양도세가 발생한다.

둘째, 영업권(무형자산)의 대가는 기타소득에 해당한다.

지분 양도 대가 중 영업권에 해당하는 부분은 기타소득에 해당한다. 이 부분에 대해서는 기타소득세(필요경비율 60%)가 부과된다(단, 부동산과 함께 이전 시는 양도세로 과세됨).

➡ 지분 양도 시 사업용 자산과 영업권을 각각 정확하게 평가·회계처리하는 것이 세무상 리스크를 줄이는 데 필수적이다.

셋째, 지분인수자의 영업권에 대해서는 감가상각이 가능하다.

지분인수자가 사업권(영업권)을 취득한 경우, 해당 영업권은 무형자산으로 인정되어 감가상각 대상 자산이 된다. 따라서 인수자는 영업권 가액을 취득가액으로 해서 감가상각비를 비용으로 처리할 수 있다.

➡ 지분 인수를 위해 인수자가 차입한 대출금에 대한 이자 비용은 비용 처리 제한을 받는다. 이는 출자(지분 인수)를 위한 차입에 해당하기 때문이다.

## 2. 적용 사례

사례를 통해 위의 내용을 확인해보자.

〈자료〉
- A씨는 본인이 보유한 지분 50%를 B에게 양도하고자 함.
- 지분 가액은 총 5억 원이며, 이 중 2억 원은 영업권에 해당함.
- A씨의 사업소득금액 : 2억 원

### 01 A씨에 대해서는 어떤 세금 문제가 발생하는가?

A씨는 지분 양도 대가 중 영업권에 해당하는 2억 원에 대해 기타소득으로 신고하고 소득세를 납부해야 한다. 사업용 자산에 해당하는 3억 원 부분은 소득세 과세 대상이 아니다.

### 02 기타소득금액은 얼마인가?(필요경비율 60%)

- 기타소득금액 = 영업권 대가 × (1-필요경비율)
  = 2억 원 × (1-0.6) = 2억 원 × 0.4 = 8,000만 원

### 03 A씨가 기타소득에 대해 추가로 부담해야 할 소득세는 얼마인가? 세율은 38%를 적용한다.

기타소득에 대한 세율은 누진세율(6~45%)이 적용되지만, 단순 계산을 위해 중간 세율 약 38%를 가정해보면 다음과 같다.

- 소득세 = 8,000만 원 × 38% = 3,040만 원(실제 계산 시 누진세율과 지방소득세까지 고려해야 한다)

### 04 지분인수자인 B씨가 부담한 영업권은 5년간 감가상각 처리를 할 수 있는가?

그렇다. B씨가 취득한 영업권 2억 원을 무형자산으로 인정해 법령에 따라 5년간 감가상각 처리할 수 있다. 감가상각비는 연간 4,000만 원(2억 원 ÷ 5년) 정도 된다.

**05** B씨가 부담한 영업권 대가에 대한 감가상각비는 B씨의 소득에서만 차감해야 하는가?

그렇다. 단순히 공동사업 지분율(50%)로 나눠버리면 A(기존사업자)에게도 B가 지급한 영업권 상각비의 절반이 귀속되는 불합리한 점이 발생하므로 조정이 필요하다.

### Tip 사업자의 지분 변경에 따른 세무 처리법

| 구분 | 사업자등록 | 부가세 | 소득세 | 지분/영업권 |
|---|---|---|---|---|
| 공동사업자 간의 지분 변경 | 정정 | 현행과 동일 | 지분율대로 분배 | 영업권 기타소득, 지급자는 5년 감가상각 |
| 공동 → 단독 | | | | |
| 단독 → 공동 | | | | |

## 절세 탐구 | 고소득 부부 유형별 절세 전략

고소득 부부가 근로자이거나 사업자 등일 때 이에 맞춘 절세 전략을 표로 정리해보자.

| 구분 | 둘 다 고소득 근로자 | 둘 다 고소득 사업자 | 한쪽 근로자+한쪽 사업자 |
|---|---|---|---|
| 소득 분산 | 급여 구조상 소득 분산 불가능 | 가족 공동사업 소득 분산 가능, 기타는 불가능 | 가족 공동사업만 소득 분산 가능 |
| 비용 처리 | 불가능 | 가능(이외 부가세 환급) | 사업자만 가능 |
| 카드 사용 | 카드 공제 제한적, 적절한 사용 | 사업자카드 사용(단, 사치품 등은 사용 제외) | • 근로자 : 카드 공제 한도 내 사용<br>• 사업자 : 사업자카드 적극 사용 |
| 건보료 절감 | 근로자는 제한적 | 소득 조정(필요경비 추가, 법인전환 등) | 사업자는 소득 조정으로 건보료 감소, 근로자는 제한적 |
| 법인 활용 | 근로자의 부업은 법인 활용 | 사업자는 법인전환을 검토 | 사업자는 법인전환, 근로자는 부업 시 법인 활용 가능 |
| 연금상품 | 퇴직연금·IRP·연금저축 활용 | IRP·연금저축 활용 | 근로자와 사업자 모두 활용 가능(단, 사업자는 퇴직연금 제외) |
| 해외 투자 | • 해외 주식, 해외 가상자산 : 양도세, 기타소득세 등 과세<br>• 해외 직접투자(10%) : 해외 현지법인 명세서 등 제출 | | |
| 부부 증여 | 생활비 외 자금 이체 시 10년간 6억 원까지 증여세 비과세 | 좌동(사업용 계좌에서 인출 시 주의를 요함) | 근로자와 사업자별로 6억 원 증여공제 |
| 가업 승계 | 없음. | 가능 | 사업자는 가능 |
| 리스크 | 세무 리스크 거의 없음(단, 자금 출처 조사 등은 리스크 존재). | 세무 리스크 높음 → 장부·증빙 관리 필수 | 사업자는 세무 리스크 높음. 근로자는 자금 출처 조사 정도를 제외하고는 거의 없음. |

# 제 6 장

# 법인을 활용한 세금 및 자산관리 방법

# 최근 법인 설립이 많아지는 이유

고소득 개인사업자와 프리랜서, 스타트업, 전문직 종사자들 사이에서 '1인 법인 또는 가족법인*' 설립이 하나의 트렌드로 자리 잡고 있다. 몇 가지 원칙만 지키면 개인으로 운영하는 것에 비해 법인의 장점이 더 크다는 인식을 하고 있기 때문이다. 그렇다면 이들 법인 설립의 근본적인 이유는 뭘까?

* 1인 법인과 가족법인의 차이 등에 관한 내용은 이 장의 절세 탐구에서 다룬다.

**첫째, 종합소득세의 '누진세율' 때문이다.**
개인사업자는 소득이 높아질수록 종합소득세율이 최대 45%까지 올라간다. 여기에 지방소득세까지 합하면 실효세율이 49.5%에 달한다. 반면 법인세율은 아무리 소득이 높아도 25%(27.5%) 수준에서 마무리된다. 물론 이익이 200억 원 이하는 10~22%가 되므로 이보다 훨씬 낮은 수준이 된다(여기서의 법인세율은 2026년부터 적용될 예정이다. 2025년은 9~24%가 적용되고 있다).

**둘째, 4대 보험 부담을 전략적으로 조정할 수 있기 때문이다.**

개인사업자는 종합소득금액에 따라 건보료가 부과되지만, 법인은 대표이사 급여를 조정함으로써 4대 보험과 건보료를 통제할 수 있다.

**셋째, 자녀 승계 및 자산관리에 법인이 적합하기 때문이다.**

부동산이나 사업체를 자녀에게 직접 증여하면 막대한 증여세가 발생한다. 반면 가족법인을 활용하면 개인보다는 낮은 세 부담이 가능한 경우가 많고, 장기적으로 가업상속공제와 같은 절세 혜택도 누릴 수 있다.

이외에도 직장인이 부업소득을 얻거나 은퇴 대비를 위해 법인을 설립하는 경우도 늘어나고 있다.

### Tip 세법상 법인의 종류

법인세법은 원칙적으로 회사의 종류를 불문하고, 영리법인이라면 법인세법에 기초한 과세표준에 10~25%의 세율을 적용해 법인세를 내도록 하고 있다. 그런데 어떤 특정한 법인에 대해서는 세제를 좀 더 강화하기 위해 성실신고법인, 소규모 성실신고법인 등으로 구분해 법인세법을 적용하고 있다. 그렇다면 이 둘의 차이는 무엇인지 일반법인과 비교해보자.

| 구분 | 성실신고법인 | 소규모 성실신고법인 | 일반법인 |
|---|---|---|---|
| 개념 | 세무 대리인의 성실신고 확인서 첨부 대상인 법인 | 좌동+인상된 법인세율, 업무추진비 한도 인하 등을 적용하기 위한 법인 | |
| 대상 | • 우측의 소규모 성실신고법인(매년 적용)<br>• 개인 성실신고사업자가 법인전환한 후의 그 법인(3년 적용) | 다음의 요건을 모두 충족한 법인<br>① 주업이 임대업 또는 임대+배당+이자소득이 매출의 50% 이상일 것<br>② 상시근로자 수가 5인 미만일 것<br>③ 지배주주 합계 지분이 50% 초과할 것 | 성실신고법인이 아닌 법인 |

| 구분 | 성실신고법인 | 소규모 성실신고법인 | 일반법인 |
|---|---|---|---|
| 법인세율 | 10~25% | 20~25% | 10~25% |
| 법인세 추가과세 | 주택과 비사업용 토지 양도 시 10~20%로 추가과세 | | |
| 신고기한 (12월 결산 법인) | 다음 해 4월 30일 | 좌동 | 다음 해 3월 31일 |

➲ 참고로 법인(法人)은 법적으로 권리·의무 주체인 단체를 말하며, 회사(會社)는 영리를 목적으로 설립된 법인의 한 형태인 회사를 말한다. 여기서 회사는 크게 주식회사와 유한회사 등으로 구분한다.

# 1인 또는 가족법인의 장점 1 : 소득세를 줄여준다

고소득자라면 누구나 한 번쯤 이런 말을 들어본 적이 있을 것이다.
"돈 많이 벌면 세금도 많이 내야지."

하지만 막상 실제로 종합소득세 고지서를 받아보면, 대부분은 분노와 허탈감이 동시에 밀려온다. 열심히 일해서 번 돈의 절반 가까이를 세금으로 내야 하는 현실을 받아들이기는 쉽지 않다.

대한민국 소득세법은 고소득자들에게 '징벌'로 느껴질 만큼 높은 세율을 부과하고 있다. 그렇다면 소득세는 얼마나 많을까? 그리고 법인은 소득세를 얼마나 줄여줄까?

## 1. 소득세

### 1) 세율 구조 비교

먼저 종합소득세율 구조는 다음과 같다. 참고로 국세인 소득세 외에 지방세인 지방소득세가 소득세의 10%로 부과된다. 따라서 과세표준이 10억 원을 초과하는 경우, 최고세율은 49.5%가 된다.

| 구분 | 세율 | 누진공제 |
|---|---|---|
| 1,400만 원 이하 | 6% | - |
| 1,400~5,000만 원 이하 | 15% | 126만 원 |
| 5,000~8,800만 원 이하 | 24% | 576만 원 |
| 8,800~1.5억 원 이하 | 35% | 1,544만 원 |
| 1.5~3억 원 이하 | 38% | 1,944만 원 |
| 3~5억 원 이하 | 40% | 2,594만 원 |
| 5~10억 원 이하 | 42% | 3,594만 원 |
| 10억 원 초과 | 45% | 6,594만 원 |

다음으로, 법인세율은 크게 2가지가 있다. 하나는 일반법인에 적용되는 세율이고, 다른 하나는 소규모 성실신고법인에 적용되는 세율이다.

| 구분 | 일반법인 | 소규모 성실신고법인* |
|---|---|---|
| 2억 원 이하 | 10% | 20% |
| 2~200억 원 이하 | 20% | 20% |
| 200~3,000억 원 이하 | 22% | 22% |
| 3,000억 원 초과 | 25% | 25% |

\* 주로 업종이 부동산 임대업이거나 임대소득 및 이자와 배당소득이 전체 매출의 50% 이상이고, 상시 근로자 수가 5인 미만인 1인 법인이나 가족법인을 말한다.

## 2) 세후 이익에 대한 처리 방법

개인사업자는 소득세만 내면 되며, 법인은 세후 이익에 대해 배당소득세, 청산소득세 등이 발생한다.

| 구분 | | 개인사업자 | 법인 |
|---|---|---|---|
| 사업연도 중 | 연간 소득 | 6~45% | 10~25% 등 |
| 세후 이익 | 배당소득 | 없음. | 14%(또는 종합과세) |
| | 청산소득 | 없음. | 10~25% 등 |

## 2. 적용 사례

사례를 통해 위의 내용을 확인해보자.

| 구분 | A 사업자 | B 사업자 |
|---|---|---|
| 매출 | 20억 원 | 5억 원 |
| 비용 | 10억 원 | 4억 원 |
| 당기순이익 | 10억 원 | 1억 원 |

**01** 사례의 종합소득세 예상액은 얼마인가? 소득공제액 등은 없다고 가정한다.

- A 사업자 → 과세표준 10억 원. 적용세율 42%(3,594만 원 누진공제)
  = 3억 8,406만 원(지방소득세 포함 시 4억 2,246만 원)
- B 사업자 → 과세표준 1억 원. 적용세율 35%(1,544만 원 누진공제)
  = 1,956만 원(2,151만 원)

**02** Q1에서 실효세율은 어떻게 되는가?

실효세율은 각종 공제, 누진공제 등을 반영한 후 실제로 부담하게 되는 최종 세율을 말한다. 사례에서의 A 사업자는 과세표준 10억 원 중 4억 2,246만 원이 세금이므로 42.2%가 실효세율이 된다. B 사업자는 21.5%가 실효세율이 된다.

**03** 만일 이 사업을 법인이 영위했다면 세금은 얼마인가? 세율은 10~25%를 적용한다.

- A 사업 → 과세표준 10억 원, 세율 20%(누진공제 2,000만 원) = 1억

8,000만 원(1억 9,800만 원), 실효세율 19.8%

- B 사업 → 과세표준 1억 원, 세율 10% = 1억 원(1억 1,100만 원), 실효세율 11%

**04** 개인사업자와 법인의 세후 이익에 대한 세금을 고려하면 세 부담 측면에서 개인사업자가 유리할까, 법인이 유리할까?

일반적으로 법인이 유리하지만, 이는 각자가 처한 상황에 따라 달라진다. 따라서 정확한 것은 별도로 확인해야 한다.

# 1인 또는 가족법인의 장점 2 : 건보료를 줄여준다

사업자의 경우, 소득금액의 7.09%(2026년은 7.19%, 장기요양보험료는 별도)로 건보료를 내게 된다. 따라서 소득금액이 커질수록 건보료가 커지는 것은 당연하다. 하지만 1인 또는 가족법인 운영자의 소득은 근로소득이고, 이의 크기를 조절하면 사업자보다 낮을 가능성이 크다. 다음에서 이에 대해 알아보자.

## 1. 사업자의 건보료

- 직장에서 가입한 사업자의 건보료는 소득을 기준으로 부과되는 것이 원칙이다.
- 이때 소득은 수입에서 비용을 차감한 순소득(소득금액)을 말하며, 이 소득금액에 대해 7.09%를 전액 부담한다(단, 상한선이 있다. 2025년은 월 450만 원이다).
- 다만, 직원이 없는 1인 사업자는 지역에서 건강보험에 가입하며, 소득 외에 부동산에 대해서도 건보료가 추가될 수 있다(이 경우 소득

과 재산을 합한 건보료의 상한선은 월 450만 원임).
- 사업자가 부담하는 건보료는 사업장의 필요경비로 인정된다.

## 2. 적용 사례

사례를 통해 위의 내용을 확인해보자.

| 구분 | A 사업자 | B 사업자 |
|---|---|---|
| 매출 | 20억 원 | 5억 원 |
| 비용 | 10억 원 | 4억 원 |
| 당기순이익 | 10억 원 | 1억 원 |

**01** 사례의 건보료는 얼마나 예상되는가?

사업자들은 소득금액을 기준으로 건보료를 내게 된다. 따라서 그 결과는 다음과 같다.

- A 사업자 → 10억 원×7.09% = 7,090만 원(월 590만 원, 상한 월 450만 원)
- B 사업자 → 1억 원×7.09% = 709만 원(월 59만 원)

**02** 위 A 사업자는 소득이 늘어나면 건보료가 추가되는가?

아니다. 직장 가입자의 경우 보험료 상한(450만 원 선)이 있으므로 소득이 늘어난다고 해서 이 금액을 초과할 수 없다.

**03** B 사업자는 1인 사업자라 지역에서 건강보험에 가입하고 있다. 이 경우에는 앞에서 본 건보료보다 더 추가로 낼 가능성이 있다. 왜 그런가?

이 경우에는 부동산(재산)에 대해서도 건보료가 추가될 수 있기 때문이다.

**04** A 사업자는 과세표준 10억 원에 4억 2,246만 원의 세금이 예상된다. 여기에 연간 건보료 800만 원을 추가하면 실효세율은 얼마나 되는가?

43.6%가량 된다. 이는 세금과 건보료를 합한 금액을 과세표준으로 나눈 후 100을 곱해 계산한 것이다.

**05** 만일 위의 사업을 법인으로 만들어 시행하면 건보료는 어떤 기준 아래에서 납부되는가?

이 경우에는 법인에서 받은 근로소득을 기준으로 내게 된다. 참고로 직장 가입자의 건보료는 7.09%(2026년은 7.19%)를 회사와 개인이 절반씩 부담하는 식으로 부과된다.

# 1인 또는 가족법인의 장점 3 :
# 가업 승계 등
# 기타 세금에도 강하다

개인에게 부과되는 세금에는 소득세 외에 부동산과 관련된 세금이나 상속세 또는 증여세 같은 다양한 것들이 있다. 다음에서 이러한 세금을 줄이는데도 1인 또는 가족법인이 유용한지 알아보자.

## 1. 개인들에게 부과되는 기타 세금들

**첫째, 부동산과 관련된 세금**

개인들이 주택 등 부동산을 취득하게 되면 취득세가 부과되며, 이를 보유하면 보유세, 양도하면 양도세가 부과된다. 이 과정에서 부동산 가액이 커질수록 이와 관련된 세금이 늘어나게 된다.

➲ 부동산을 법인이 취득하거나 보유 또는 양도하는 경우에는 개인과 다른 체계로 과세된다. 예를 들어, 부동산을 양도하면 개인은 6~70%까지의 세율이 적용되나, 법인은 보통 10~20%(추가 법인세 10~20% 별도)가 적용되므로 법인이 유리할 수 있다. 다만, 취득세나 보유세 등에서 차이가 있으므로 이러한 부분을 고려해 사안별로 유불리를 판단해야 한다.

### 둘째, 금융자산과 관련된 세금

금융자산에서 발생한 소득은 크게 이자와 배당소득(금융소득), 양도소득 정도가 된다. 이 중 전자에 대해서는 금융소득 종합과세, 후자에 대해서는 양도세가 과세된다.

※ **금융자산에 대한 개인과 법인의 세금 비교**

| 구분 | | 개인 | 법인 |
|---|---|---|---|
| 금융소득<br>(이자와 배당소득) | | • 2,000만 원 이하 : 14% 분리과세<br>• 2,000만 원 초과 : 6~45% 종합과세 | 10~25%<br>법인세 과세 |
| 양도소득 | 주식 | • 소액 상장주식 : 양도세 비과세*<br>• 대주주 상장주식 등 : 양도세 과세(20~25%) | |
| | 채권 | 비과세* | |
| | 가상자산 | 기타소득 분리과세 : 20% | |

\* 소액 상장주식이나 채권의 양도소득은 개인은 비과세되나, 법인은 무조건 과세된다. 참고로 주식이나 채권 투자를 개인으로 할 것인지 법인으로 할 것인지의 여부는 양도소득은 물론이고 이자와 배당소득을 포함해 의사결정을 하는 것이 좋다(배당소득 선택적 분리과세는 40페이지 참조).

### 셋째, 상속·증여와 관련된 세금

자산가들이 재산을 배우자와 자녀 등에게 상속이나 증여로 이전할 때 많은 세금이 발생한다.

➔ 법인을 통해 상속이나 증여 등을 설계하면 개인보다 더 유리할 때도 있다. 특히 기업을 운영하는 경우가 그렇다.

## 2. 적용 사례

사례를 통해 위의 내용을 확인해보자.

**01** 개인이 취득 후 1년 이내에 주택을 양도하면 세율은 몇 %인가?

현행 기준 70%(77%)다.

**02** 법인이 취득 후 1년 이내에 주택을 양도하면 세율은 몇 %인가?

일반법인세율은 10~25%(11~27.5%) 소규모 성실신고법인은 20~25%(22~27.5%)가 된다(2026년 세율 기준). 이외 주택에 대해서는 추가로 20%(22%)의 세율이 적용된다.

**03** Q1과 Q2를 비교하면 법인이 더 유리하다고 할 수 있는가?

단기매매의 경우에는 법인세가 유리할 수 있다. 세율이 낮기 때문이다. 다만, 법인이 취득하는 주택은 취득세가 중과세(12%)되고, 종부세가 무조건 과세(2.7~5%)되므로, 다른 세목으로 확장하면 반드시 법인이 유리하다고 할 수 없다.

→ 법인이 유리한지, 아닌지는 상황에 따라 달라진다고 할 수 있다.

**04** 개인이 증여를 받으면 증여세율 40%가 적용된다고 하자. 이때 가족법인에 5억 원을 증여하면 세금은 어떤 식으로 나올까? 세율은 편의상 20%가 적용된다고 하자.

개인에게 증여하면 5억 원의 40%인 2억 원 상당의 증여세가 나온다. 하지만 이를 법인에 증여하면 1억 원 상당의 법인세가 나온다. 따라서 이 경우, 법인에 대한 증여가 유리하다고 할 수 있다.

⊙ 법인을 통해 증여를 받으면 법인세가 나오지만, 해당 법인 주주의 주식 가치가 증가한다. 이에 상증세법에서는 각 주주가 1억 원 이상의 이익을 증여받으면 이에 대해서도 증여세를 부과한다. 따라서 법인 증여 시에는 이러한 문제를 점검해야 안전한 증여를 할 수 있게 된다.

### 05 가업을 상속할 때 개인기업보다 법인기업이 유리하다고 하는데, 그 이유는 무엇인가?

법인은 가업상속재산가액을 주식으로 평가하며, 사업무관자산에 현금이 제외되는 경우가 많으나, 개인은 주식이 아닌 사업용 자산에 국한하고 현금이 포함되지 않는 등의 차이가 있기 때문이다. 이에 대한 자세한 내용은 9장에서 다룬다.

# 1인 또는 가족법인의 장점 4 : 노후 대비에 강하다

1인 법인 또는 가족법인이 은퇴를 앞둔 직장인 등의 노후 대비에도 안성맞춤이 될 수 있다. 이를 활용하면 현금흐름을 유리하게 만들 수 있기 때문이다. 다음에서 이에 대해 정리해보자.

### 1. 1인 또는 가족법인과 노후 대비

**첫째, 급여나 퇴직급여를 받을 수 있다.**
- 가족법인의 등기이사나 직원으로 등록하면 법인에서 급여를 받을 수 있고, 이를 통해 안정적인 생활비를 확보할 수 있다.
- 급여는 법인의 필요경비로 인정되므로 법인세 절감에도 도움이 된다.

➡ 이외 법인을 유지하면서 발생한 차량 유지비, 사무실 임대료, 통신비 등 다양한 비용을 경비로 처리할 수 있다. 또한, 법인카드로 식대 등을 처리할 수 있다.

**둘째, 건보료를 조절할 수 있다.**
- 개인이 직접 부동산을 보유하거나 금융소득이 있으면 지역 가입자로서 높은 건보료를 부담하게 되지만, 가족법인 명의로 자산을 보유하게 되면 개인소득이 줄어 건보료를 줄일 수 있다.
- 법인의 급여 수준을 조절함으로써 소득에 따른 건보료를 일정 수준에서 관리할 수 있다.

**셋째, 매년 배당을 받을 수 있다.**
- 주식을 보유한 상태에서 배당으로 분배받을 수 있다. 단, 법인의 이익이 있어야 한다.
- 배당은 주식의 지분율에 따라 균등하게 받는 것이 원칙이다.
- 배당소득은 금융소득이므로 배당세율(15.4%)로 분리과세가 가능하며, 종합과세 대상 여부를 조절할 수 있다.

➡ 이외에 법인을 통해 퇴직금 지급이나 연금 설계 등도 가능해 노후 대비 전략을 세우는 데 유리하다. 이러한 설계는 예전부터 내려온 방식에 해당한다. 이에 대한 자세한 정보는 저자의 《늦어도 50에 시작하는 세금 공부》를 참조하기 바란다.

## 2. 적용 사례

사례를 통해 위의 내용에 대해 알아보자.

〈자료〉
- K씨는 대표이사로 이 법인(가족법인)의 주식 50%를 보유하고 있다.
- 당해 매출액은 3억 원이다.

**01** 이러한 매출은 K씨의 영업으로 이루어낸 것이다. 그렇다면 이 소득은 개인소득에 해당하는가?

아니다. 법인과 개인은 별도 납세 의무를 갖는다. 즉, 법인은 개인과는 별개로 법에 따라 인격을 부여받았으므로 모두 법인의 매출로 인정된다.

→ 법인이 지급하는 급여·배당·상여만 개인 소득세 과세 대상이 된다.

**02** K씨는 급여를 얼마나 받으면 될까?

법인에서 정당한 업무 대가 수준의 급여 지급이 가능하다. 통상적으로 매출의 규모, 법인 규모, 업종 등을 고려해 시장 임금 수준에서 급여나 상여를 설정하면 된다. 물론 사전에 임원 보수 지급 기준이 주총 등에 의해 결정되어야 한다.

**03** K씨는 급여 외에 배당도 받을 수 있을까?

가능하다. 법인이 이익을 낸 상태여야 하고(결손금 없는 경우), 주주총회 결의가 필요하다.

**04** K씨도 퇴직연금에 가입해 퇴직연금을 받을 수 있을까?

가능하다. 대표이사도 법인 근로자 지위로 인정되므로 퇴직연금 가입이 가능하다.

**05** K씨가 법인카드로 교통비를 지급하거나 식사비를 결제하면 사적 지출로 규제를 받는가?

그렇지 않다.

**06** K씨의 주식도 상속이나 증여를 할 수 있는가?

그렇다.
- 가족법인 주식을 자녀에게 증여하면 자산을 현금 없이도 분산 이전할 수 있으며, 일정 시점에서 주가가 낮을 때 증여하면 절세할 수 있다.
- 자녀가 지분을 보유함으로써 향후 가업 승계나 상속 설계 시에 유리한 구조를 만들 수 있다.

➔ 법인을 통한 상속이나 증여는 생각보다 검토할 것들이 많다. 실무 적용 시 주의하기 바란다.

# 1인 또는 가족법인의 장점 5 : 부업소득 관리에 강하다

1인 법인 또는 가족법인이 직장인의 부업소득 관리에도 적합할 수 있다. 본인이 직접 나서지 않더라도 사업에 대한 배당 등을 받을 수 있고, 주식을 처분해 소득을 올릴 수도 있기 때문이다. 다만, 이러한 구조로 소득을 관리하기 위해서는 사전에 준비해야 한다. 다음에서 이에 대해 알아보자.

### 1. 1인 또는 가족법인과 부업소득 관리

1인 법인 등을 통해 부업소득을 관리하는 절차 등에 대해 알아보자.

**첫째, 법인 설립과 주주 구성**

직장인 본인이 1인 주주로 법인을 설립하거나, 가족 구성원을 일부 주주로 참여시켜 가족법인 형태를 취할 수 있다. 이때 자본금 규모, 정관의 목적사업 범위, 주식 지분율 등을 미리 설계해야 추후 배당 및 지분 거래 시 유리하다.

**둘째, 부업소득의 법인 귀속**

직장인이 개인 명의로 얻은 부업소득은 근로소득 외 소득세 과세 대상이 되므로 세 부담이 크다. 반면, 법인을 통해 발생시키면 법인세율(중소기업은 10~20%)이 적용되며, 소득 분산 효과도 기대할 수 있다. 예를 들어, 강의료, 컨설팅 수입, 온라인 판매 수익 등을 법인 명의로 계약·입금 처리하면 효율적으로 관리할 수 있다.

**셋째, 소득의 분배와 활용**

법인에 귀속된 이익은 ▲배당금으로 주주에게 환원하거나 ▲급여 형식으로 대표이사와 가족 임원에게 지급할 수 있다. 배당은 배당소득세가 과세되지만, 주식 보유 비율에 따라 분산할 수 있어 가계 전체 세 부담을 줄일 수 있다. 급여는 근로소득으로 신고되며, 4대 보험 등 사회보장 측면에서도 유리하다. 또한, 지분 매각을 통해 일시적인 자금 확보도 가능하다.

※ **회사 설립 후 세무 일정**

법인은 개인사업자와 달리 매년 정기 세무 일정이 있다. 대표적으로 다음과 같다.
- 1월·7월 : 원천세 신고
- 3월 : 법인세 신고
- 4월·7월·10월·1월 : 부가가치세 신고(일반과세자)
- 8월 : 법인세 중간예납

이외에도 4대 보험, 지급명세서 제출 등 의무가 있다.

## 2. 적용 사례

사례를 통해 위의 내용을 확인해보자.

**01** 직장인도 주식을 보유할 수 있는가?

가능하다. 직장인이 법인의 주식을 보유하는 데 제한은 없다. 다만, 재직 중인 회사의 겸업 금지 규정이나 경업 금지 의무를 위반하지 않도록 주의해야 한다.

**02** 가족법인의 경우, 주주 수는 몇 명 이상이면 좋을까? 그리고 지분율은?

최소 2명 이상이 바람직하다. 배우자·자녀 등 가족을 참여시켜 소득 분산 효과를 볼 수 있기 때문이다. 지분율은 대표자가 50% 이상을 확보해 경영권을 안정적으로 유지하고, 나머지를 가족에게 분산하는 방식이 일반적이다.

**03** 직장인도 감사나 이사, 대표이사를 겸직할 수 있는가?

가능하다. 다만, 근로계약상 겸직 금지 규정이 있는 경우에는 문제가 될 수 있으므로 사전에 확인이 필요하다. 실무적으로는 배우자나 자녀를 대표이사로 세우고 본인은 주주 또는 감사로 참여하는 방식도 활용된다.

**04** 부동산 투자를 하고자 할 때 설립 시 주의해야 할 점은?

부동산 임대·매매업 목적을 정관에 명확히 기재해야 한다. 또한, 과밀억제권역 내 법인 설립 시 법인세 감면 제한, 취득세·재산세 중과 문제가 발생할 수 있으므로 소재지를 신중히 선택해야 한다.

**05** 주식회사 설립 시 주식 없는 임원 선임이 필요하다고 하는데, 유한회사도 그런가?

주식회사는 이사 1명, 감사 1명 이상을 두어야 하고, 때에 따라 주주와 분리된 임원을 요구할 수 있다(예 : 주식 없는 임원의 설립보고, 상법 제298조 참조). 반면 유한회사는 상대적으로 간단해서, 이사 1명(＝업무집행자)만으로도 설립할 수 있다. 따라서 가족법인에는 유한회사가 더 간편하다.

**06** 회사 형태는 주식회사가 좋은가?

일반적으로 주식회사가 신뢰성과 자본 조달 측면에서 유리하다. 하지만 소규모 부업 관리 목적이라면 유한회사가 설립 절차와 관리가 간단하고, 공시 의무도 적다. 따라서 규모와 목적에 따라 선택하는 것이 바람직하다. 아래 표를 참조하기 바란다.

※ **주식회사와 유한회사의 운영방법 등 비교**

| 구분 | 주식회사 | 유한회사 |
| --- | --- | --- |
| 설립 가능 인원 | 1인 이상 | 1인 이상 |
| 자본금 요건 | 제한 없음. | 제한 없음. |
| 출자 방식 | 금전·현물(감정평가 요건 있음) | 금전·현물(감정평가 생략 가능) |
| 지분 양도 | 자유롭게 가능 | 제한적(사원 동의 필요) |
| 임원 임기 | 보통 3년(중임 시 등기 필요) | 제한 없음(등기 없이 계속 가능). |
| 감사·이사회 | 원칙적으로 필요(자본금 10억 원 이상 시는 의무) | 필수 아님. |
| 외부감사 | 요건 충족 시(적용 빈도 높음) | 요건 충족 시(적용 빈도 낮음) |
| 공시 의무 | 정기 공시 등 광범위한 공시 의무 | 원칙적으로 없음(외감법상 감사보고서 제출). |
| 투자유치 | 유리함(주식 발행 가능). | 구조상 불리함. |

### 유한회사가 주식회사보다 나은 점
① 외부감사 여부 : 5개의 평가 요소(자산·부채, 매출, 종업원 수·사원 수) 중 3개 이상 충족 시 외부감사(주식회사는 4개의 요소 중 2개 이상)
② 현물출자 시 시가 입증 : 유한회사는 감정평가 생략이 가능하나, 실무상 시가 과소/과대 문제 등이 있어 감정평가를 받은 경우가 많음(주식회사는 법원 등의 관여로 대부분 감정평가를 받음).
③ 임원 중임 등기 의무 : 유한회사는 임원에 대한 중임 등기 의무가 없음(주식회사는 3년 기준 중임 등기 의무가 있음).
④ 법인 설립 시 주식 없는 임원 선임 : 유한회사는 법인 설립 조사보고가 없음(주식회사는 조사보고 의무가 있어 주식 없는 임원을 별도로 선임해 보고하거나 공증인을 통해 보고해야 함).

### Tip 직장인 등이 법인을 설립하는 방법

| 구분 | 주요 내용 | 체크포인트 |
|---|---|---|
| 1. 설립 목적 | 절세(부업·투자 소득 분리), 자산관리, 가족소득 분산, 창업 | 본업과 무관한 영역에 한정해야 안정적 |
| 2. 법인 형태 | ① 주식회사(신용·투자 유리)<br>② 유한회사(가족법인, 자산관리 적합) | 자본금 최소 100만 원 이상, 보통 1,000~5,000만 원 권장 |
| 3. 주주 구성 | 최소 1명 가능(1인 법인 가능), 가족 분산 지분 보유 시 절세·승계 유리 | 배우자·자녀에 일부 지분 배분 → 배당소득 분산 효과 |
| 4. 이사 구성 | 최소 1명 이상 필요. 직장인은 겸직 제한 고려 → 가족을 대표이사로 세우는 방법 활용 | 공무원·금융권·대기업은 겸직 금지 규정 반드시 확인 |
| 5. 정관 작성 | 목적사업 명시(임대업, 투자업, 컨설팅, 지식재산 관리 등) | 사업 목적은 넓게 기재해두는 게 향후 유리 |
| 6. 설립 절차 | ① 정관 작성 → ② 주주총회 결의 → ③ 자본금 납입 → ④ 법원 등기 → ⑤ 세무서 사업자등록 | 1~2주 내 |
| 7. 과밀억제권역 | 수도권(서울 전역·경기 일부·인천 일부)에 해당, 신설 법인은 취득세·재산세 감면 등 세제 혜택 제한(취득세 중과세) | 가능하다면 비과밀억제권역 설립 검토 → 세제 혜택 극대화 |

| 구분 | 주요 내용 | 체크포인트 |
|---|---|---|
| 8. 직장 규정 | 일부 직장은 겸직 금지(공무원·금융권·대기업), 겸직 허용 시에도 사전 승인 필요 | 위반 시 인사상 징계·퇴직 리스크 존재 |
| 9. 운영 원칙 | 법인계좌·법인카드 별도 운영, 가족 임원 활용, 급여·배당 설계 | 개인 자금 유출 시 가지급금 문제 발생 |
| 10. 절세 포인트 | 소득세율(최고 45%) vs 법인세율(10~20% 선) 차이 활용, 가족 급여 지급으로 소득 분산, 자산을 법인에 귀속시켜 상속·증여 설계 가능 | 세무 조사 리스크 대비 필요 |

➲ 법인 설립과 기장 등에 대한 문의는 저자의 카페를 활용하기 바란다.

# 그러나 주의해야 할 1인 또는 가족법인

1인 또는 가족법인은 잘만 활용하면 세금 절감과 자산관리에서 막강한 무기가 된다. 하지만 반대로, 제대로 운영하지 않으면 '명의신탁' 또는 '페이퍼컴퍼니'라는 의심을 받게 되어 세무 조사 리스크가 폭발적으로 커진다. 이외에도 개인과 법인의 차이에 대한 다양한 리스크들에 주의해야 한다. 다음에서 이에 대해 알아보자.

## 1. 1인 또는 가족법인이 주의해야 할 것들

**첫째, 개인 유사 법인으로 의심받는 경우**

개인 유사 법인은 법인 명의로 사업자등록을 해두었지만, 실질적으로는 대표 개인의 사업과 자산이 법인과 구분되지 않는 경우를 말한다. 이런 경우, 대표이사의 개인 생활비를 법인카드로 지출하거나, 법인 명의 계좌를 사실상 개인 용도로 사용하는 것이 대표적이다. 세무 당국은 법인 명의로 되어 있는 자산과 비용이 '업무 관련성이 없는 사적 용도'로 쓰인 정황을 포착하면, 이를 '사적 유용'으로 판단하고 소득 처분 및 추징금을 부과한다.

→ 이처럼 법인을 운영하는 척하면서 실제로는 개인사업자처럼 운영하면 언제든 문제가 된다. 세무 당국에서 다양한 형태로 간섭을 하는 경우가 많기 때문이다.

**둘째, 페이퍼컴퍼니로 보는 경우**

페이퍼컴퍼니는 말 그대로 '문서 속에만 존재하는 회사'를 뜻한다. 실질적인 사업행위 없이 절세나 금융거래를 위한 명목상 법인인 경우가 많다.

예를 들어, 거래처나 매출이 전혀 없거나, 직원도 없이 대표이사 혼자서만 존재하며, 법인 명의의 사업 활동 실적이 없는 경우 등이 이에 해당한다.

→ 이러한 명목상 회사로 보게 되면, 법인격을 부인해 개인 등 실질에 맞게 과세하는 경우가 종종 있다. 대표적으로 연예인이 1인 법인을 만들어 세금 신고하는 것을 문제 삼는 것도 이와 관련이 있다. 이외에도 기업의 실체가 부인되어 중소기업 세액감면 등이 박탈되는 예도 있다.

## 2. 적용 사례

사례를 통해 1인 법인을 둘러싼 다양한 세무상 쟁점을 알아보자.

〈자료〉
- C씨는 1인 법인을 설립해 대표이사로 등재되어 있음.
- 법인 명의 계좌와 법인카드를 보유하고 있으나, 대부분 개인 생활비와 가족 경조사비를 법인카드로 지출함.
- 법인 실질 사업장은 없으며, 지방의 소규모 사무실을 임차해 사무실로 등록만 해두었음.
- 법인 매출은 일정 수준 발생하고 있으나 직원은 없음.

**01** C씨의 법인 운영에서 세무 당국이 문제 삼을 수 있는 점은 무엇인가?

법인 명의의 자산과 비용을 개인적 용도로 사용하는 '개인 유사 법인'이라는 의심을 살 수 있다. 또한, 실질 사업 활동이 거의 없는 '페이퍼컴퍼니' 의심 가능성도 있다.

**02** C씨가 법인카드로 지출한 개인 생활비와 가족 경조사비는 어떻게 처리될 수 있으나?

세무 당국은 이를 '사적 유용'으로 판단해 법인 비용 인정 불가, 개인 소득으로 과세 및 가산세 부과의 가능성이 있다.

**03** 법인 실체가 없고 매출이 어느 정도 있는 경우, 어떤 세무 리스크가 발생하는가?

법인격 부인으로 대표자 개인에게 소득 귀속 처리가 가능하다. 법인에 대한 세무 조사 및 세금 추징 위험이 증가한다.

**04** 비상주 사무실로 인해 발생할 수 있는 지방세 문제는 무엇인가?

법인 취득세 중과세 규정을 회피하려는 시도로 판단되면, 중과세 추징이 가능하다. 실제 사무실 운영 실태를 국세청과 지방자치단체가 조사할 수 있다.

**05** C씨가 1인 법인을 정상적으로 운영하기 위해 주의해야 할 점은?

법인과 개인자산, 비용을 엄격히 구분한다. 또한, 법인계좌 및 카드는 업무 관련 비용만 사용한다. 이외 실질적인 사업 활동과 사무실 운영 유지를 하며, 직원 채용 및 거래처 확보로 사업 실체를 강화한다.

→ 1인 법인이라도 정상적으로 경영 활동이 일어나면 이를 문제 삼을 수는 없을 것이다. 참고로 1인 법인에 대한 세무 조사 대응책은 8장에서 다룬다.

## 절세 탐구 1 | 1인 법인 vs 가족법인의 비교·선택

앞에서 살펴본 바와 같이 개인사업자의 대안 또는 이를 활용하는 관점에서 1인 법인 또는 가족법인이 상당한 주목을 받고 있다. 물론 이러한 법인 형태로 조직된 회사에는 주식회사나 유한회사 등이 있음은 두말할 필요가 없다. 다음에서는 1인 법인과 가족법인의 차이를 비교해 보고, 이에 대한 선택을 알아보자.

### 1. 1인 법인과 가족법인의 비교와 선택

#### 1) 개념 비교

1인 법인은 1인이 법인의 주주가 되는 것을 말하고, 가족법인은 본인과 가족이 주식을 보유하는 것을 말한다. 전자는 주로 절세와 법적 보호를 목적으로, 가족법인은 소득 분산과 가업 승계를 목적으로 설립하는 경우가 많다.

| 구분 | 1인 법인 | 가족법인 |
| --- | --- | --- |
| 설립 동기 | 절세 효과 극대화 | 절세 효과 및 가업 승계 등 |
| 주주 구성 | 대표자 1명 | 가족 구성원 여러 명 |
| 소득 분산 | 불가(대표자에게 집중) | 가능(가족에게 급여, 배당 분산) |
| 절세 효과 | 법인세율 적용<br>(개인보다 낮을 수 있음) | 소득 분산을 통한 종합소득세<br>절감 효과 |
| 가업 승계 | 불리 | 유리(지분 증여, 상속이 쉬움) |
| 경영 구조 | 대표자 1인 전권 행사 | 가족 간 역할 분담 가능<br>(형식적일 수도 있음) |
| 세무 리스크 | 부당행위계산, 명의 위장 주의 | 명의신탁, 사외 유출 관리 필요 |

## 2) 장단점 비교

그렇다면 1인 법인과 가족법인의 장단점은 어떻게 될까?

| 구분 | 1인 법인 | 가족법인 |
|---|---|---|
| 장점 | • 대표이사 1인의 전권 행사로 경영 의사결정이 신속·유연함.<br>• 소득세율(최고 49.5%) 대비 법인세율(통상 10~20%)로 절세 효과<br>• 법인 명의로 자산(부동산, 차량 등) 보유·관리 가능<br>• 대표 개인의 상표 가치 극대화(연예인, 크리에이터 등에게 유리) | 왼쪽의 내용에 다음의 내용을 추가할 수 있음.<br>• 가족에게 급여·배당을 통해 소득을 분산시켜 절세 가능<br>• 가업 승계 시 지분 이전 및 증여·상속 플랜 설계 용이<br>• 가족이 경영에 참여해 내부적 신뢰와 협업 가능<br>• 법인 명의로 발생하는 경비를 가족 생활비로 활용 가능(합법적 경비 처리) |
| 단점 | • 법인의 실체(사업 활동)가 부족할 경우 페이퍼컴퍼니로 의심받아 세무 조사 대상<br>• 법인자산과 대표이사 개인재산을 철저히 구분해야 하며 관리 부담<br>• 대표이사의 급여 및 배당 소득 처리에서 세무 리스크 상존<br>• 대표 1인이 모든 경영·법적 책임을 지는 구조(경영 리스크 집중) | • 가족 구성원의 경영 참여 실체를 입증하지 못하면 인건비 인정 거절 위험<br>• 가족법인에서 사적 경비 처리 시 세무 조사 대상이 될 가능성 큼.<br>• 가족 간 경영권 갈등 발생 가능성(지분 구조·의사결정 충돌)<br>• 법인 유지·관리 비용(세무, 회계, 법률 등)이 장기적으로 부담될 수 있음. |

➲ 1인 법인은 설립과 운영이 간단한 대신, 세무 당국에서 '명의신탁' 또는 '사적 비용 처리' 여부를 예의주시하게 된다. 가족법인은 설립 초기에는 준비할 것이 많지만, 법인의 구조적 안정성과 승계 효과 측면에서는 장점이 크다. 따라서 고소득자라면 1인 법인보다는 가족법인의 형태가 더 나은 대안이 될 수 있다.*

* 물론 가족법인이라고 해서 안심할 것은 아니다. 1인 법인이나 가족법인 운영상의 차이가 그리 크지 않기 때문이다.

## 2. 적용 사례

사례를 통해 이러한 내용을 확인해보자.

〈자료〉
- K법인의 주식 발행 : 1만 주, 액면가 5,000원(자본금 5,000만 원)
- 올해 당기순이익 : 2억 원
- 누적 잉여금 : 10억 원

**01** K법인은 대표이사가 주식을 모두 보유한 1인 법인이라고 하자. 올해 법인세는 얼마나 예상하는가? 세율은 10%를 적용한다.

2,000만 원으로 예상된다. 지방소득세를 포함하면 2,200만 원이 된다.

**02** K법인은 가족법인에 해당한다고 하자. 이 경우, Q1의 법인세는 달라지는가?

아니다. 법인세는 주식 보유 형태와 관련이 없다.

**03** K법인이 주식회사, 또는 유한회사라고 할 때 Q1의 법인세는 달라지는가?

아니다. 법인세는 법인의 조직 형태(주식회사, 유한회사 등)에 따라 달라지지 않는다. 법인세는 과세표준(=과세소득)과 세율로 결정되며, 법인의 형태는 세율 적용에 영향을 주지 않는다.

**04** 누적 잉여금 중 2억 원을 배당하려고 한다. 1인 법인과 가족법인으로 구분할 때 어느 쪽이 배당세 등이 더 나올 가능성이 큰가?

일반적으로 1인 법인이 배당세 부담이 더 크다.

- 1인 법인 : 배당금 전액이 대표이사 개인에게 귀속되며, 배당소득세(15.4% 원천징수 후, 종합소득세 합산과세 가능성)가 높다. 대표이사의 다른 소득과 합산될 경우, 고율 구간에 들어가면 최고 49.5%까지 실효세율이 올라갈 수 있다.
- 가족법인 : 지분이 가족에게 분산되어 있으면, 배당도 분산되어 각각의 종합소득 구간에서 과세되므로, 종합소득세 누진세율을 피할 수 있어 절세 효과가 있을 수 있다.

**05** K법인이 1인 법인인 상태에서 주식의 절반을 자녀 등에게 매매나 증여로 이전하려고 한다. 이때 주당 액면가인 5,000원으로 가격을 책정해도 되는가?

아니다. 시가(시가 상당액)로 평가해야 한다. 세법상 특수관계인 간 거래는 시가로 과세되는 것이 원칙이기 때문이다. 그런데도 시가보다 현저히 낮은 가액으로 이전하면 증여세 과세 대상이 된다. 시가는 통상 비상장주식 평가 방법에 따라 산정하며, 이 사례에서는 누적 잉여금 10억 원이 반영된 주당 가치가 적용되어야 한다.

**06** 주식 분산은 어느 시점에 이루어지는 것이 좋을까?

법인의 성장 초기에 저평가된 시점이 유리하다. 당기순이익과 잉여금이 누적되기 전, 즉 기업 가치(주식 가치)가 낮을 때 주식을 이전해야 증여 재산가액이 적게 산정된다.

→ 사례처럼 이미 잉여금이 상당히 누적된 시점(현재처럼 10억 원 누적 시점)에서는 시

가평가액이 높아져 증여세 부담이 크다. 따라서 법인이익 발생 전에 미리 분산하거나, 이익잉여금을 자본금 전입(무상 증자) 등으로 가치를 낮춘 후 분산하는 방식도 검토할 수 있다.

## 절세 탐구2 | 법인전환 절차의 핵심

개인사업자가 소득세의 부담이 큰 경우에는 법인전환에 나설 수 있다. 여기서 법인전환이란, 개인사업을 법인이 이어받는 것을 말한다. 다음에서는 법인전환 절차에 대해 알아보자. 참고로 이에 대한 자세한 내용이 알고 싶다면 저자의《개인사업자를 유지할까 법인사업자로 전환할까》를 참조하기 바란다.

### 1. 법인전환의 실익과 문제점

#### ① 법인전환의 실익

법인전환을 하면 다음과 같은 효과를 얻을 수 있다.

첫째, 높은 소득세를 내고 있다면 당장 저렴한 법인세 효과를 누릴 수 있다.

둘째, 비용 처리를 늘릴 수 있으며, 건보료를 조절할 수 있다.

셋째, 주식으로 배당을 받거나 증여 등을 위한 재산권 행사를 할 수 있다.

#### ② 법인전환의 문제점

법인전환 시 다음과 같은 점이 문제점에 해당한다.

첫째, 감정평가 비용을 포함해 법인전환에 따른 비용이 발생한다.

※ 법인전환 비용
- 결산 비용 : 법인전환을 위해 법인전환일(사업연도 중도 가능)에 맞춰 결산을 진행한다. 이때 이에 대한 수수료가 발생한다.
- 부동산이 있는 경우 감정평가를 받아야 한다(단, 유한회사는 감정평가를 생략할 수 있다).
- 취득세 : 일반적으로 4%에서 발생한다. 단, 과밀억제권 내 설립 시에는 2배로 취득

세가 중과세될 수 있다.
- 법인자본금 등록세 : 등록한 자본금의 0.4%(과밀억제권 내는 1.2%)만큼 등록세가 발생한다.
- 세무 컨설팅 비용 : 전체 업무 담당 및 신고업무 대행비용 등을 포함한다.

둘째, 재고자산이 많으면 부가세가 과세되는 한편 재고자산을 법인에 양도하는 것으로 보기 때문에 소득세가 나올 수 있다.*

* 단, 장부가로 포괄양수도 진행 시 2가지의 문제를 예방할 수 있다.

셋째, 부동산이 있는 경우 양도세와 취득세가 발생할 수 있다.

넷째, 최근 3년간 이익이 많은 경우 영업권이 발생하며, 이의 누락 시 세금 추징이 발생할 수 있다.

다섯째, 개인 성실신고사업자가 법인전환 후 3년간은 법인에 대한 성실신고확인 제도가 적용된다.*

* 성실신고사업자가 아닌 개인이 법인전환을 하면 법인에 대한 성실신고는 적용되지 않는다.

## 2. 법인전환의 절차

### ① 부동산이 없는 경우

부동산이 없는 업종은 법인전환으로 인한 양도세와 취득세가 발생하지 않는다. 따라서 이 경우에는 사업 자체를 그대로 법인에 이전하는 방법을 사용하면 된다. 이러한 방식을 포괄양수도라고 하는데, 실무에서 유의할 것들이 많으므로 세무 전문가의 확인이 필요하다. 참고로 사업양수도 시에는 자산에서 부채를 차감한 금액에 대해 법인이 현금을 지급하는 것이 원칙이며, 이때 세금계산서는 발부하지 않는다.

### ② 부동산을 보유한 경우

부동산을 보유한 상태에서 법인전환을 하면, 개인은 양도세가 법인은 취득세가 발생한다. 이때 일정 요건을 충족하면 양도세는 법인이 처분할 때까지 납부를 이연(이월과세라고 함)하며, 취득세는 50%를 감면한다(임대업 등은 제외). 앞의 요건 중 주요 내용은 다음과 같다.

- 개인사업체의 순자산가액 이상 현금이나 현물을 출자해 법인 설립할 것
- 현금으로 사업을 인수한 경우에는 법인 설립 후 3개월 이내에 양수도 절차를 완료할 것

# 제 7 장

# 개인(직장인 포함) vs 법인의 자금관리법

# 개인 vs 법인의 자금거래와 세무상 쟁점

　세법에서는 각 경제주체(개인, 사업자, 법인 등) 간의 자금흐름에 대해 다양한 방법으로 관여하고 있다. 자금흐름에서 왜곡이 발생한 경우, 탈세는 물론이고 범죄 등이 발생할 수 있기 때문이다. 다음에서는 주로 세무 관점에서 이에 관한 내용을 살펴보자.

### 1. 개인과 법인의 자금거래와 세무상 쟁점

**1) 직장인**
- 가족 간 계좌이체 시 상속세와 증여세 등에서 과세 문제가 발생할 수 있다.
- 가족 간 무상대여 시 증여세 문제가 발생할 수 있다.
- 가족 간 유상대여 시 이자소득세(27.5% 원천징수)가 발생한다.
- 가족이 고가의 부동산을 취득하면 자금 출처 조사를 받을 수 있다.

## 2) 개인사업자

개인사업자는 앞의 1) 개인의 세무상 쟁점 외에 사업자로서 세무상 쟁점이 추가로 발생한다.

- 사업용 계좌는 국세청 홈택스를 통해 등록해야 한다.
- 사업용 계좌를 등록하지 않으면 창업중소기업 세액감면 등을 적용받지 못한다.
- 사업용 계좌에서 생활비 인출은 가능하나, 해당 금액이 과도한 경우 증여세 과세의 위험성이 있다.

## 3) 법인

- 법인은 법인계좌를 통해 입출금하는 것이 원칙이다.
- 법인이 자금을 무상대여한 경우에는 4.6% 상당의 이자를 받아야 한다.
- 법인과 개인은 구분되므로 법인 자금을 마음대로 인출하면 횡령으로 볼 수 있다.
- 개인이 법인에 무상으로 대여(가수금)한 경우에는 세무상 쟁점이 없다(법인이 개인에게 무상대여 시는 가지급금으로 봄).

## 2. 적용 사례

사례를 통해 위의 내용을 확인해보자.

**01** 직장인이 자신의 월급을 배우자나 자녀에게 이전하면, 이는 증여인가, 아닌가?

매월 급여를 배우자 통장으로 송금한 후 가계공동 생활비로 사용 일반적으로 증여세 과세가 안 된다. 그러나 송금액이 생활비 수준을 넘고 배우자 명의 예금에 고스란히 쌓일 때는 증여세가 과세될 수 있다. 한편, 자녀에게 직접 송금 시에도, 대학등록금·학원비는 괜찮지만, 투자자금·부동산 구입 자금은 증여세 대상이다.

### 02 개인사업자가 사업용 계좌에서 가족에게 무상으로 자금을 대여하면 세무상 문제점은?

증여로 볼 가능성이 있다. 이와 함께 초과인출금에 대한 이자 비용이 필요경비에서 제외될 수 있다.

### 03 법인이 대표이사에게 무상으로 자금을 대여하면 세무상 문제점은?

법인은 대표이사에게 대여금에 대해 인정이자(연 4.6%)를 계산해 익금에 산입해야 한다. 또한, 대표이사가 이자를 실제 지급하지 않으면, 법인은 그 금액을 상여 처분해 대표이사의 근로소득세로 과세한다.

→ 장기간 상환이 없으면 배당 간주 또는 횡령 문제까지 이어질 수 있으므로 주의해야 한다.

#### Tip 개인과 법인의 무상대여와 증여세

| 구분 | 개인(직장인, 사업자) | 법인(가족법인) |
|---|---|---|
| 과세되는 세금 | 증여세 | 법인세, 소득세, 증여세(주주) |
| 과세 기준 | 무상대여금액이 2억 원 초과 시 | • 법인세 : 4.6% 상당액에 대해 법인세와 근로소득세 과세<br>• 증여세 : 주주당 무상대여금액 약 21억 원 초과 시 |

* 21억 원×4.6%를 계산하면 증여이익이 1억 원에 미달한다. 이렇게 되면 주주에 대한 증여세 과세 문제가 없어진다.

# 사업자와 법인의 자금운영과 세무상 쟁점 비교

사업자와 법인은 자금 조달·운용 방식, 그리고 세무 처리 방식에서 다소 차이가 난다. 특히 자금이 개인과 법인 사이를 오갈 때는 증여세, 소득세법 또는 법인세법상 부당행위계산 규정 등이 적용되어 다양한 세무 리스크가 발생할 수 있다. 다음에서는 주로 고소득 사업자와 법인의 자금운영과 관련한 세무상 쟁점 등을 비교해보자.

## 1. 고소득 사업자와 법인의 자금운영과 세무상 쟁점

이 둘의 자금운영에 대한 세무상 쟁점을 요약·비교해보자.

| 구분 | 개인사업자 | 법인 |
|---|---|---|
| 사업용 계좌신고 의무 | 있음(단, 복식부기 의무자에 한하나, 조세 감면을 위해 미리 등록이 유리). | 없음. |
| 자금 사용 | 생활비 혼용 가능, 필요경비 인정 여부 쟁점 | 업무 외 사용 시 상여·배당 등으로 소득 처분 |

| 구분 | 개인사업자 | 법인 |
|---|---|---|
| 무이자 대여 | 개인사업자가 무상대여금액 2억 원 초과 시 증여이익(수증자) | 법인 대여 시 인정이자(4.6%) 계산 → 익금산입 및 소득세 부과 |
| 무상 이전 | 증여세 과세 | 법인세(자산수증익)+증여세 가능성 (주주)* |
| 과세 구조 | 종합소득세 최고 45% | 법인세+배당소득세 이중과세 구조 |

* 개인이 법인에 증여한 경우 법인세가 과세되고, 증여한 개인과 주주가 특수관계인에 해당하면 주주에 대해 증여세가 나올 수 있다. 단, 주주가 증여받은 이익은 1억 원 이상이 되어야 한다.

## 2. 적용 사례

사례를 통해 위의 내용을 확인해보자.

**01** 개인사업자는 무조건 사업용 계좌를 사용해야 하는가?

아니다. 개인사업자 중 매출액이 업종별로 일정액 이상인 복식부기 의무사업자에 대해서만 이 규정이 적용된다. 복식부기 의무사업자는 다음과 같다.

※ 복식부기 의무사업자

| 구분 | 매출액(전년도 기준) | 비고 |
|---|---|---|
| 도소매업, 부동산매매업 | 3억 원 이상 | 미만은 간편장부 대상 |
| 음식점업, 제조업 | 1억 5,000만 원 이상 | |
| 서비스업, 부동산 임대업 | 7,500만 원 이상 | |

→ 개인사업자가 창업중소기업 세액감면(50~100%를 5년간 감면)을 받기 위해서는 사업용 계좌를 국세청 홈택스에 등록해야 한다. 이를 등록하지 않으면 감면이 불허되므로 사업자등록 신청할 때 바로 신고해두는 것이 좋다.

**02** 개인사업자가 사업용 계좌에서 생활비를 인출하면 문제가 있는가?

없다. 개인사업자는 사업자와 개인이 법적으로 동일인이므로, 사업용 계좌에서 생활비를 인출해도 세법상 문제는 없다. 다만, 경비 처리와 관련해서는 명확히 구분해야 한다. 생활비를 사업 경비로 처리하면 부인될 수 있다.

**03** 법인은 무조건 법인계좌를 사용해야 하는가?

원칙적으로 그렇다. 그런데 법인이 법인계좌를 이용하지 않은 경우라도 이에 대해서는 가산세는 없다.

**04** 법인에 운영자금이 필요해 대표이사가 1,000만 원을 입금한 경우, 해당 금액은 증여인가 차입인가?

대표이사가 법인 운영자금으로 입금할 경우, 차입금(가수금)으로 처리한다. 이때 입금한 금액에 대해서는 무이자로 처리해도 세법상 문제로 삼지 않는다.*

* 반대로 법인이 개인에게 빌려주었을 때 이자(4.6%)를 받지 않으면 문제로 삼는다.

**05** 법인의 계좌에서 대표이사가 1,000만 원을 인출한 경우, 해당 금액은 급여인가, 대여인가?

상황에 따라 달라진다.

- 회사가 대표이사에게 보수 성격으로 지급한 경우 → 소득세, 4대 보험 등 원천징수가 필요하며, 회계상 비용 처리가 가능하다.
- 회사가 대표이사에게 임의로 빌려준 경우* → 회계상 대여금으로

처리하며, 무상대여 시 이자 상당액(4.6%)을 법인과 대표이사의 소득으로 간주할 수 있으므로 이에 대한 대비가 필요하다.

* 횡령으로 볼 수 있으므로 주의해야 한다.

# 고소득 직장인의 자금관리법

이제 앞에서 본 내용을 바탕으로 직장인, 사업자, 법인 등에 대한 자금관리법 등을 하나씩 살펴보자. 먼저 고소득 직장인부터 살펴보자. 참고로 이들은 사업자나 법인과 같은 쟁점은 없으므로 인출에 초점을 맞춰 증여세 과세 문제 등을 위주로 살펴보면 된다. 참고로 이러한 내용은 개인사업자도 알아둬야 한다.

### 1. 고소득 직장인과 자금관리법

**첫째, 생활비와 증여의 구분을 명확히 하라.**

배우자나 자녀에게 자금을 이전하는 경우, 통상적인 생활비·교육비라면 증여세 과세 대상이 아니다. 그러나 그 범위를 넘어 저축, 주식·부동산 투자 자금으로 축적된다면 증여세 과세 리스크가 발생한다.

➔ 송금 내역이 생활비인지, 재산 형성 목적이었는지 구분할 수 있도록 계좌관리와 지출 증빙을 준비해두는 것이 필요하다.

**둘째, 소득유형별로 자금 흐름을 관리하라.**

고소득자는 금융소득, 부업소득 등 다양한 자금이 섞이기 쉬워 세무조사에서 추적 대상이 되기 쉽다. 따라서 급여·배당·임대소득 등 수입 계좌와 생활비·투자용 지출 계좌를 분리해서 관리하면 불필요한 의심을 줄일 수 있다.

> ➡ 자녀에게 교육비를 이체할 경우, 학원비·등록금 등 지출 증빙과 함께 관리하면 과세 위험이 줄어든다.

**셋째, 증여공제를 활용하라.**

단발적인 송금·증여보다 사전 증여공제(배우자 6억 원, 성인 자녀 5,000만 원 등)를 활용해 합법적 절세를 도모하는 것이 안전하다. 예를 들어, 고소득 직장인이 배우자 명의로 금융자산을 증여해두면, 향후 투자·부동산 취득 시 증여세 문제를 예방할 수 있다.

## 2. 적용 사례

사례를 통해 위의 내용을 확인해보자.

**01** K씨가 배우자 생활비 목적으로 매월 1,000만 원을 입금하면 이는 증여인가, 아닌가?

이는 통상적인 생활비 이전으로 보아 증여세 과세 대상이 아니다.

**02** K씨가 자녀의 용돈 명목으로 매월 100만 원을 지급한다. 이는 증여인가, 아닌가?

이는 부양 의무가 있는 자에 대한 지원이므로 증여세 과세 대상이 아니다.

**03** B씨(연봉 3억 원)는 매달 500만 원을 대학생 자녀 계좌로 송금한다. 자녀는 이 돈을 생활비로 쓰지 않고, 통장에 그대로 적립해 1년 만에 6,000만 원이 쌓였다. 이는 증여에 해당하는가?

그렇다. 이는 생활비로 볼 수 없고, 재산 형성에 해당하므로 증여세 과세 대상이 된다. 참고로 자녀에 대한 대학 학자금이나 해외 유학비 등은 증여세 과세에서 제외된다.

➔ 해외 유학비를 증여세 비과세로 인정받고 싶다면 송금 목적을 '학비·기숙사비'로 명확히 기록하고, 관련 영수증 등을 보관하면 된다.

**04** 자녀의 전세보증금을 지원하면 차입인가, 증여인가?

① 차입으로 인정되는 경우
자녀가 부모로부터 전세보증금을 빌리고, 차용증 작성+상환 계획+실제 상환이 이루어지면 차입으로 인정된다.

② 증여로 보게 되는 경우
차용증이 없거나, 원리금 상환 사실이 없으면 사실상 증여로 본다. 이때 자녀가 상환 능력이 없는데 부모가 자금을 주고 '빌려줬다'라고 주장하면 과세관청은 증여로 추정한다.

➔ 실무에서 보면 전세보증금이 고액(10억 원)이 아니면 이와 관련된 조사가 진행되지 않는다. 다만, 향후 자녀가 주택 등을 취득할 때 해당 자금에 대한 조사가

진행될 수 있다. 주의하기 바란다.

### 05 자녀가 주택을 구입할 때 2억 원을 무이자로 빌려줬다. 증여세 과세 여부는?

① 차용증이 있는 경우

원금 상환 가능성이 뚜렷하다면 무이자라도 원칙적으로 증여세는 과세되지 않는다. 다만, 국세청은 무이자 대여 시 이자 상당액을 증여로 간주할 수 있는데, 무이자금액이 1,000만 원까지는 문제 삼지 않는다. 따라서 원금 2억 원에 대해 법정이자율 4.6%를 곱하면 이 금액에 미달하므로, 이 경우 증여세 문제는 없다.

② 차용증이 없는 경우

단순히 부모가 돈을 송금해주고 '빌려줬다'라고 주장하는 것만으로는 인정되지 않을 수 있다. 그 결과, 이 경우 2억 원 전액을 증여로 보아 증여세가 과세될 가능성이 있다.

➡ 차용증+상환 사실이 있어야 할 차입으로 인정된다. 그렇지 않으면 증여로 과세될 수 있다.

### 06 80세가 자녀에게 5억 원을 이체한 경우, 예상되는 세무상 쟁점은?

상속개시일 전 10년 이내 배우자나 자녀에게 증여한 재산은 상속재산에 합산된다. 단순 생활비·교육비 등 통상적인 수준이면 과세가 제외되나, 고액 이체는 증여세가 부과되며, 상속재산가액과 합산될 수 있다. 이때 증여세 신고를 누락한 경우에는 가산세(20% 이상)를 추가로 부담해야 한다.

# 고소득 사업자의 자금관리법

고소득 사업자와 법인 모두 자금 운용 전략이 세금 부담과 재무 건전성에 큰 영향을 미친다. 이 중 개인사업자는 아래와 같은 원칙을 중심으로 자금관리를 설계하는 것이 유리하다.

## 1. 고소득 사업자와 자금관리법

### 1) 계좌 사용법

고소득 사업자는 국세청에 신고된 사업용 계좌를 통해서 사업 관련된 수입과 비용을 관리해야 한다. 특히 수입은 물론이고, 비용 중 재료비와 인건비, 그리고 임차료는 반드시 사업용 계좌를 통해 입출금 되어야 한다. 이를 위반하면 가산세(0.2%)가 있다.

### 2) 현금 흐름 관리

- 사업자금과 생활자금 구분 : 사업용 계좌와 개인 계좌를 철저히 분리해 자금 흐름을 명확히 하는 것이 좋다. 참고로 사업용 계좌에서

생활비를 인출하는 것은 세법상 문제가 없다.
- 예상 세금 대비 : 부가세, 소득세 등 예상 세금을 미리 계산해 계좌에 확보해두는 것이 필수다.

※ 개인사업자의 신고 및 납부 스케줄

| 구분 | 일정 | 비고 |
|---|---|---|
| 부가세 | 7월 25일, 다음 해 1월 25일 | 1년 2회 |
| 소득세 | 중간예납 : 11월 | 선납 개념 |
| | 확정신고 : 5~6월(성실은 6월) | |

### 3) 단기·중기·장기 자금 배분
- 단기 자금 : 운영자금, 인건비, 임대료 등 필수 지출 대비 현금 확보
- 중기 자금 : 세금 납부, 설비 투자, 금융상품(주식 등 포함) 활용
- 장기 자금 : 부동산 투자, 연금, 상속·증여 대비 자금

➔ 고소득 사업자는 본인의 노후 대비를 위해서도 자금 배분을 해야 한다.

## 2. 적용 사례

사례를 통해 위의 내용을 확인해보자.

### 01 사업자는 부가세를 언제 납부하는가?

일반과세자의 부가세는 1년에 두 번(1기·2기) 확정신고 시 납부한다(단, 간이과세자는 1회). 참고로 면세사업자는 부가세 신고 의무가 없으나, 면세와 과세사업을 겸영하는 사업자는 부가세 신고를 해야 한다.

- 1기(1~6월) → 7월 25일까지
- 2기(7~12월) → 다음 해 1월 25일까지

➡ 고소득 사업자의 경우 매출이 급증하는 시기(예 : 성수기)에는 부가세 등과 관련한 자금 계획을 미리 세워야 한다. 특히 7월 전후는 원천세, 소득세 확정분 등이 동시에 납부됨에 유의해야 한다.

### 02 사업자는 종합소득세를 두 번 낸다고 하는데, 이게 사실일까?

원래 '중간예납(선납)+다음 해 정산구조'인데, 이를 두 번으로 착각하는 경우가 많다.

- 1차 : 중간예납(11월 30일) → 당해년도 상반기까지의 소득세 일부 납부
- 2차 : 다음 해 5월(성실 6월) 종합소득세 확정신고 → 전체 소득 기준 정산

➡ 중간예납 고지서를 받으면 '올해 세금이 갑자기 늘었다'라고 느낄 수 있다. 하지만 이는 미리 나눠 내는 제도이므로, 5월 확정신고 시 추가 납부액이 줄어드는 효과가 있다.

### 03 부가세·소득세는 납부 기한 연장이 가능할까?

가능하다. 재해, 사업상 손실, 자금경색 등 부득이한 사유 시 최대 9개월 연장할 수 있다. 기한 연장신청서 제출(전자신청 가능), 심사 후 승인한다.

- 연장신청을 기한 직전에 하면 심사 여유가 없어 거절될 수 있다. 여유 있게 최소 3일 전에 신청하는 것이 좋다.

### 04. 개인사업자가 사업용 계좌에서 5억 원을 배우자의 통장으로 이체했다면 문제는 없는가?

상황에 따라 문제가 될 수 있다. 배우자에게 업무와 관련 없는 금액을 이전하면, 국세청에서 증여로 볼 가능성이 있다. 따라서 업무 관련 지출이라면 증빙 자료 확보가 필수이고, 개인 생활비 또는 증여 목적이면 증여세 신고가 필요하다.

### 03. 사업용 계좌에서 주택 구매 자금을 인출하면 문제는 없는가?

사업용 자금을 개인자산 취득에 사용하더라도 문제는 없다. 다만, 차입금 이자에 대해서는 필요경비로 인정되지 않을 가능성이 크다.

- 집을 살 계획이 있다면, 사업과 분리된 '개인 자금'을 따로 마련하는 것이 안전하다. 사업자금에서 빼면 장부 정리가 복잡해지고, 조사 시 '사적 유용'으로 몰릴 위험이 크다.

### 06. 개인용 계좌에서 인건비 지급하면 세무상 문제점은?

인건비는 인정되지만, 사업용 계좌 사용 의무 위반으로 가산세(0.2%)를 부과할 수 있다.

- 부득이하게 개인 계좌를 사용했다면, 사후에 해당 금액을 사업용 계좌에서 이체해 '계좌 흐름'을 맞춰두는 것이 좋다. 이렇게 하면 조사 시 의심을 줄일 수 있다.

### 07 세금 납부를 위해 대출 시 그에 따른 이자는 비용 처리가 가능할까?

세금 납부를 위한 대출이자는 필요경비 불인정 되는 것이 원칙이다. 다만, 실무적으로 사업 운영자금 대출과 구분이 안 되는 경우가 많아 비용 처리를 하는 경우가 많다. 물론 사업용 자산을 초과한 부채에 대한 이자는 한도 계산에서 걸러진다.

➔ 세금 때문에 대출을 받아야 한다면, 세무상 처리보다는 '자금 계획'을 먼저 재점검하는 게 우선이다. 세금은 비용 처리보다 '미리 준비'가 핵심이다.

# 법인의 자금관리법

　법인의 자금은 개인사업자와는 달리 법인계좌를 통해 입출금되어야 한다. 물론 이를 위반한 경우에는 벌칙은 없지만, 세무 조사 단계에서 어떤 문제가 있는지 드러나게 된다. 다음에서 법인은 어떤 식으로 계좌 관리를 해야 하는지에 대해 알아보자.

## 1. 법인과 자금관리법

### 1) 계좌 사용법
법인은 사업자와는 달리 사업용 계좌 사용에 대한 의무규정을 두고 있지 않다.

### 2) 현금 흐름 관리
- 입금 : 수입대금은 전액 법인계좌로 입금해야 한다. 대표이사로부터 차입할 때는 차입금(가수금)으로 장부에 반영한다. 추후 입증을 위해서 차용증 등을 구비해둔다.

- 출금 : 법인계좌에서 출금된 것들은 모두 지출 근거와 증빙을 비치하도록 한다. 대표이사 등이 무단으로 출금한 금액은 가지급금으로 분류되어 이자 상당액(4.6%)만큼 법인의 수익이자 대표이사의 상여로 처리됨에 유의해야 한다.
- 예상 세금 대비 : 부가세, 법인세 등 예상 세금을 미리 계산해 계좌에 확보해두는 것이 필수다.

※ **법인의 신고 및 납부 스케줄**

| 구분 | 일정 | 비고 |
| --- | --- | --- |
| 부가세 | 4월 25일, 7월 25일, 10월 25일, 다음 해 1월 25일 | 1년 4회 |
| 법인세 | 중간예납 : 8월 | 선납 개념 |
| | 확정신고 : 3월(성실은 4월) | |

### 3) 법인과 개인 간 자금거래 시 세무상 쟁점

- 법인이 개인에게 대여 시 → 무상대여 시 가지급금으로 보아 규제한다.
- 개인이 법인에 대여 시 → 법인은 차입금(가수금)이 되며, 무이자도 문제없다.
- 개인이 법인에 증여 시 → 법인은 자산수증익에 대해 법인세가 부과되며, 주주별로 증여이익이 1억 원 이상 시 주주에 대한 증여세 문제가 추가로 있다.

## 2. 적용 사례

사례를 통해 위의 내용을 확인해보자.

### 01 법인은 부가세를 언제 납부하는가?

법인의 부가세는 1년에 4번(1기 예정 및 확정, 2기 예정 및 확정) 신고 시 납부한다.
- 1기(1~6월) → 예정 4월 25일, 확정 7월 25일까지
- 2기(7~12월) → 예정 10월 25일, 확정 다음 해 1월 25일까지

### 02 법인은 법인세를 어떤 식으로 내는가?

소득세처럼 '중간예납(선납)+다음 해 정산구조'로 납부한다.
- 1차 : 중간예납(8월 31일) → 당해 연도 상반기까지의 법인세 일부 납부
- 2차 : 다음 해 3월(성실 4월) 법인세 확정신고 → 전체 소득 기준 정산

### 03 법인계좌에서 배우자의 계좌로 1억 원을 이체하면 어떤 문제가 있는가?

이는 업무무관 대여금으로 세법은 이를 가지급금으로 분류해, 이에 대해 4.6%의 이자율을 곱한 금액을 법인의 수익으로 보아 법인세를 부과하고, 배우자의 성격에 따라 상여나 기타소득 등으로 분류해 소득세를 과세한다.

### 04 법인계좌에서 주택 구매 자금을 인출하면 문제는 없는가?

아니다. 이 경우에도 업무무관 가지급금으로 분류해 규제한다.

### 05 개인용 계좌에서 인건비 지급하면 세무상 문제점은?

법인은 개인용 계좌에서 인건비를 지급하더라도 개인사업자처럼 가

산세를 부과하지 않는다. 다만, 향후 세무 조사 과정에서 인건비에 대한 입증이 되지 않으면 경비 불인정 같은 불이익을 받을 수 있다.

### 06 세금 납부를 위해 대출 시 그에 따른 이자는 비용 처리가 가능할까?

법인이 자금이 필요해 대출을 받으면 해당 이자는 대부분 비용 처리에 제한이 없다. 이 점이 개인사업자와 차이가 난다.

### 07 개인이 법인에 5억 원을 증여하는 경우, 어떤 세금이 나오는가?

일차적으로 법인세가 나오고, 이차적으로 주주에 대한 증여세가 나올 수 있다. 주주와 특수관계에 있는 개인이 법인을 통해 우회 증여한 것에 해당할 수 있기 때문이다(단, 주주별로 증여받은 금액이 연간 1억 원 이상이 되어야 한다).

### 08 Q7에서 법인에 5억 원을 증여가 아닌 무이자로 빌려주면 어떤 문제가 발생하는가?

먼저 법인에 대해서는 규제가 없다. 법인은 이자를 비용으로 처리하지 않아 법인세가 증가하므로 이를 규제할 이유가 없기 때문이다. 법인 주주의 경우에는 각 주주가 얻은 이익이 1억 원에 미달하므로 증여세 과세 문제도 발생하지 않는다. 한편, 개인은 이자소득이 감소해 소득세가 줄어들지만, 현행 소득세법에서는 이에 대해 규제를 하지 않고 있다(부당행위계산 제도를 적용하지 않음).

## Tip 가지급금과 가수금 세무 처리 요약

| 구분 | 가지급금 | 가수금 |
|---|---|---|
| 개념 | 회사가 실제 거래 사실이 확정되지 않았거나, 대표이사 등에게 임시로 지급한 돈 | 회사가 실제 원인을 확정하지 못한 채 임시로 받은 돈(대표·주주 등이 회사에 입금) |
| 발생 예시 | 대표이사 개인 경비를 회사가 대신 지급, 증빙 없는 비용 지출 등 | 대표이사가 회사 자금 부족분을 입금, 거래처로부터 원인 불명의 입금 발생 |
| 재무제표 표시 | 자산(유동자산, 기타채권) | 부채(유동부채, 기타채무) |
| 세무상 문제점 | • 인정이자 계산 필요(법인세법상 인정이자율 적용)<br>• 상여처분 위험(대표이사 소득세 부담)<br>• 업무무관자산으로 보아 가지급금 인정액에 대한 지급이자 손금불산입 | • 채권자에 이자 지급 시 손금 처리 가능<br>• 무이자도 문제없음. |
| 세무 처리 | • 인정이자 계산해 익금산입·가지급금 상당액에 대한 지급이자 손금불산입 | • 발생 시 부채계상<br>• 상환 시 원금 상환 처리<br>• 이자 지급 시 손금 인정 가능 (적정 이율 시) |
| 정리 방법 | • 대표이사 상환 유도<br>• 급여·상여 처리 후 원천징수·배당 처리<br>• 가수금과 상계 | • 자본금 전환(증자)<br>• 상환 처리<br>• 가지급금과 상계 가능 |

➡ 가지급금과 횡령의 차이에 대해서는 8장에서 살펴본다.

## 절세 탐구 | 고소득자가 주의해야 하는 금융거래 관련 제도들

한국의 고소득자들은 자금흐름과 관련된 다양한 제도에 유의해야 한다. 자금세탁과 과세 등을 위해 다양한 제도를 두고 있기 때문이다. 다음에서 이에 대해 알아보자.

### 1. 탈루 혐의금액 추출에 따른 세무 조사

소득과 재산을 연계한 소득지출분석시스템(PCI, Personal Consumption & Income)의 개발로 고소득자에 대한 세무 조사의 가능성이 커지고 있다. 이 시스템은 재산 증가액(부동산, 주식 등)과 소비 지출액(해외 체류비, 신용카드·현금영수증 사용액)을 합한 금액에서 납세자가 신고한 소득금액을 차감해, 신고 누락한 소득금액을 파악할 수 있도록 설계되어 있다. 이를 그림으로 표현하면 다음과 같다.

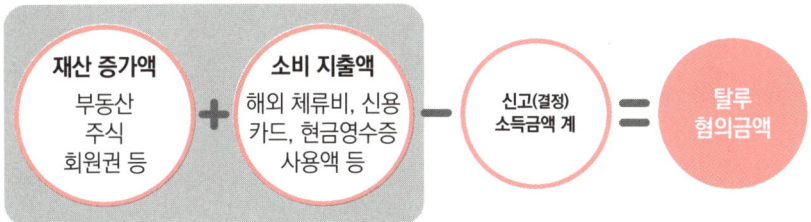

➲ 법인의 대표이사 등도 이 모델에 따라 탈루 혐의금액이 밝혀지면, 개인과 법인이 통합조사의 대상이 될 수 있다.

### 2. 개인사업자의 차명계좌 조사

실제 소유자가 아닌 다른 사람(가족, 친척, 직원 등) 명의로 개설한 금융계좌를 말한다. 주로 소득 은닉, 탈세, 재산 분산, 채권자 회피 등을 목적으로 사용된다. 세무 당국은 이의 적발을 위해, 사업자의 차명계좌 신고에 따른 포상금(최대한도 5,000만 원) 지급 제도를 운용하고 있다.

### 3. 고액 현금거래 보고 제도(CTR, Cash Transaction Report)와 고액·의심거래 보고 제도(STR, Suspicious Transaction Report)

#### ① 고액 현금거래 보고 제도(CTR)

은행 등 금융기관에서 거래금액*이 일정 기준 이상일 때 금융기관이 자금세탁방지 등을 위해 금융정보분석원(FIU)에 보고하는 제도를 말한다.

* 국내 : 현금 1,000만 원 이상 입출금, 해외송금 : 1만 달러 이상(또는 이에 상당하는 외화)

#### ② 의심거래 보고 제도(STR)

이는 단순 금액 기준이 아니라 의심되는 거래로, 반복적 해외송금, 소득 대비 과도한 송금, 목적 불분명한 거래 등을 할 때 금융기관이 FIU에 보고하는 제도를 말한다.

### 4. 부동산 취득자금에 대한 자금 출처 조사

재산을 취득하는 경우, 취득자금의 출처에 대해 조사가 이루어질 수 있다. 주로 미성년자나 고령자 또는 주부 등 국세청에 소득이 보고되지 않은 사람들이 그 대상이 된다. 자금 출처 조사가 진행되면 취득세 등을 포함한 구매 자금의 80%(한도 2억 원)까지는 자금 출처를 입증해야 한다. 이때 소명은 구체적으로 소득세 납부 증명서, 원천징수영수증, 매매계약서, 부채증명서, 임대차계약서 사본이다. 이외에도 상속세나 증여세 신고서도 있다.

→ 최근 주택가격의 급등으로 인해 자금조달 계획서에 대한 자금 출처 조사가 자주 일어나고 있으므로 주의해야 한다.

### 5. 자산 양도 관련 자금 조사

부동산을 양도(토지 수용 포함)하면 이에 대한 양도세 신고를 제대로 해야 함을 물론이고, 양도로 받은 돈에 대한 사용처에 대해서도 상당히 조심할 필요가 있다. 이 자금이 자녀 등에게 증여로 흘러가는 경우가 많기 때문이다. 특히 고령자가 처분한 경우에는 더 주의해야 한다. 국세청에서는 '과세 자료의 제출 및 관리에 관한 법률'을 제정해서 시행하고 있기 때문이다.

→ 이외에도 해외 주식이나 해외 부동산 등을 양도해 벌어들인 양도소득에 대해서는 양도세 신고 의무가 있다. 이를 누락한 경우에는 양도세 관련 조사를 진행하게 된다.

### 6. 해외 계좌 잔액 무신고에 따른 조사

해외 계좌에 5억 원이 넘게 입금된 날이 하루라도 있으면 이에 대한 계좌를 다음 해 6월에 국세청에 신고해야 한다. 이를 제대로 신고하지 않으면 가산세가 부과된다. 참고로 해외 계좌에 대한 정보를 제공한 자에게는 최고 20억 원까지 포상금을 지급한다.

→ 해외 계좌신고 대상에는 가상자산 등도 포함한다. 참고로 해외에서 거래되는 가상자산에 대해서는 국내 계좌로 송금할 때 투자 사실이 적발될 가능성이 크다.

## 7. 해외 직접투자 시 현지법인 명세서 미제출 조사

해외 직접투자를 개인과 법인은 사업연도 종료일이 속하는 달의 말일로부터 6개월 이내에 해외 현지법인 명세서 등을 관할 세무서에 제출해야 한다. 특히 지분율 10% 이상을 소유하고 투자 금액이 1억 원 이상인 자는 해외 현지법인 재무 상황표도 제출해야 한다. 이를 제출하지 않으면 5,000만 원 이하의 과태료가 부과된다.

## 8. 대주주의 국외전출세 미신고 조사

출국일 직전 연도 종료일 현재 대주주(비상장 4%, 15억 원)에 해당하는 거주자가 해외로 이주하면, 국내에서 보유한 주식 등을 양도한 것으로 간주한다. 따라서 이에 해당하는 대주주는 양도세를 기한 내에 신고해야 한다. 이때 양도세율은 20%(과세표준 3억 원 초과분은 25%)가 적용된다.

## 9. 상속·증여 관련 계좌 조사

상속·증여 시의 계좌 조사는 주로 상속세나 증여세 신고에 따른 검증 과정에서 발생한다. 특히 상속개시일 전에 계좌에서 고액 인출을 할 때는 조사의 강도가 세므로 주의해야 한다. 한편 상속재산가액이 30억 원 이상이면 상속세 신고 후 5년간 재산 변동 내역을 추적하므로 이에 대해서도 주의해야 한다.

제 **8** 장

# 고소득 사업자 vs 법인의 세무 조사 대책

# 고소득 사업자의 세무 조사 대응법

고소득 사업자는 많은 소득세 외에도 다양한 세무 조사로 불안을 느끼는 경우가 많다. 높은 소득세를 피하는 과정에서 세법에 어긋나게 처리하는 때도 있고, 고가의 부동산 등을 취득하거나 자녀 등에게 증여 등을 할 때 소득세에 대한 세무 조사의 연관성 등도 걱정될 수 있기 때문이다. 다음에서는 고소득 사업자들이 세무 조사에 대응하는 방법에 대해 간략히 정리해보자.

## 1. 고소득 사업자가 세무 조사에 대응하는 방법

**첫째, 사업장에 대한 세무 조사**

사업장에 대한 세무 조사에 대응하기 위해서는 다음과 같은 원칙을 견지할 필요가 있다.

- 동종업계 평균신고소득률을 고려해 신고하도록 한다.
- 국세청에 등록된 사업자 카드를 위주로 경비 처리를 한다.

- 사업용 카드 사용 시에는 업무와 무관한 지출(업무무관업소, 백화점지출 등)은 절대 삼가도록 한다.
- 가공 자료 등은 절대 수취하지 않도록 한다.

**둘째, 자산 취득에 대한 세무 조사**

고가의 자산 취득 시에는 자금 출처에 대한 조사가 발생할 가능성이 크므로 이에 대해 대비를 해둔다. 이러한 자산 취득은 본인뿐만 아니라 자녀 등에도 해당한다.

➲ 국세청은 빅데이터와 AI 분석을 통해 자금 출처 및 자산 취득 내역을 지속 감시한다. 이에 자산 취득 과정에서 미신고소득 은닉, 증여세 탈루, 법인 비용 부당 처리 등이 연결되어 종합소득세·법인세 조사로 확대될 수 있다.

※ 왜 세무 검증이 점점 더 세지는가?

| 이유 | 설명 |
|---|---|
| AI·빅데이터 활용 | 신고정보 검증이 전산 기반으로 자동화되어, 조사 없이도 적발 가능 |
| 국세청의 세정 고도화 | 신고-부과-징수 전 과정이 디지털화되어 세무 사각지대 축소 |
| 공무원 포상금 신설 | 세무 공무원에게 실적 인센티브 부여 → 탈루 적발 유인 강화 |
| 실시간 정보 연계 | 부동산, 금융, 건강보험, 카드, 세금계산서 등이 연동되어 누락이 곧바로 드러남. |

## 2. 적용 사례

사례를 통해 위의 내용을 확인해보자.

**01** 사업장에 대한 세무 조사에서 중점적으로 보는 것은?

### 첫째, 매출 누락 여부

현금매출 누락, 카드 매출 조작, 차명계좌 수취 등에서 문제가 많이 발생한다. 국세청은 POS 자료, 신용카드 매출, 현금영수증 발급 내역 등을 종합 분석해 매출 누락 여부를 검증한다.

### 둘째, 비용의 적정성

가족 급여, 가짜 인건비, 허위 용역비, 접대비 등 부당한 비용 계상 여부가 된다. 특히 카드 사용 내역에 사적 지출이 많이 포함된 경우, 이런저런 문제가 파생한다.

### 셋째, 세제 지원 제도 악용 여부

중소기업 세액감면, 연구·인력개발비 세액공제, 성실신고확인 제도 등을 악용한 세금 회피 여부가 문제가 된다. 세액공제 등은 금액이 크기 때문에 늘 국세청의 관심 대상이 된다.

**02** 최근 정부에서는 국세 공무원에 대한 포상 제도를 신설(2025.6.15. 시행)했다. 이는 어떤 제도인가?

세무 공무원이 부과·징수 또는 소송에서 특별한 성과를 거두면 현금 포상을 받을 수 있도록 제도화한 것에 해당한다. 이는 국세 공무원 간의 실적 경쟁 유도하게 되므로 탈루 혐의자에 대한 정밀 검증이 강화될 가능성이 크다.

※ **국세기본법 시행령 제65조의5(2025.6.2 신설)**

| 구분 | 주요 내용 |
| --- | --- |
| 포상 대상자 | ① 은닉재산을 적발하거나 허위 환급·공제를 밝혀낸 경우<br>② 국세 소송에서 국가 승소에 기여한 경우 |

| 구분 | 주요 내용 |
|---|---|
| 포상금액 | 부과·징수세액 또는 소송금액의 10% 이내(단, 연간 최대 2,000만 원 한도) |
| 소액 기준 | 3,000만 원 이하일 경우 포상 한도 300만 원 |

### 03 고소득 사업자들이 세무 조사를 방어하기 위해서는 어떻게 하는 것이 좋을까?

첫째, 수입과 지출 흐름을 소명할 수 있는 자료를 미리 정리해둬야 한다.

예를 들어 이체 내역, 계약서, 송금 증빙 등을 준비한다. 한편 고액자산 취득 시(부동산, 외제 차, 고가미술품 등) 자금 출처를 입증할 수 있어야 한다.

둘째, 업종 특성상 발생할 수 있는 현금매출은 POS 시스템 자료, 영수증, 입금 내역 등으로 미리 정리해둔다.

'카드결제 비율이 업종 평균 대비 낮다'라는 사유로 조사 대상이 되는 경우가 많으니 평균 데이터를 확인한다.

셋째, 경비 계상 적정성에 대한 해명 자료를 만들어둔다.

예를 들어, 가족 급여 지급 시 실제 근무 여부, 업무일지 등 입증 자료를 준비해둔다. 차량 유지비, 접대비가 과다 계상된 경우, 사업과의 관련성을 입증할 수 있는 자료(출장일지, 거래명세서 등)를 갖춰둔다.

넷째, 본인의 업종 평균 매출 대비 신고 수입, 경비율, 수익률을 체크한다.

국세청이 활용하는 '소득 대비 지출 이상징후(빅데이터 분석표준)'을 점검하는 것도 중요하다. 해마다 나오는 '국세청 기획조사 방침'을 분석해 내 업종이 표적인지 사전 확인한다.

다섯째, 외형 대비 소득률 저하 시, '정당한 사유'를 설명할 수 있어야 한다.

매출은 늘었지만, 순이익이 낮아진 경우, 투자 비용 증가, 신규 인력 고용 등의 합리적 이유를 문서로 만들어둔다.

### Tip 고소득 사업자가 반드시 점검해야 할 세무 포인트

| 항목 | 점검 내용 | 예 / 아니오 |
|---|---|---|
| ① | 나는 연간 종합소득(사업소득)이 1억 원을 초과한다. | □ 예 / □ 아니오 |
| ② | 나는 성실신고확인 제도 대상자에 해당하거나 조만간 해당될 수 있다. | □ 예 / □ 아니오 |
| ③ | 가족에게 급여를 지급하는 경우, 근로 실체와 증빙 자료를 갖추고 있다. | □ 예 / □ 아니오 |
| ④ | 사업 경비 처리 시 지출 증빙 수취율이 90% 이상이다. | □ 예 / □ 아니오 |
| ⑤ | 건보료 산정 요건을 정확히 파악하고 있다. | □ 예 / □ 아니오 |
| ⑥ | 고가의 자산(차량, 부동산 등)을 사업자금으로 취득한 경우, 자금 출처 및 업무 사용 입증 자료를 보관하고 있다. | □ 예 / □ 아니오 |
| ⑦ | 매출과 매입에 대해 전자세금계산서와 부가세 신고의 정합성을 점검하고 있다. | □ 예 / □ 아니오 |
| ⑧ | 본인의 소득구조에 따라 종합소득세 vs 법인세 중 어느 구조가 유리한지 검토해본 적이 있다. | □ 예 / □ 아니오 |
| ⑨ | 국세청 홈택스의 현금영수증 수취·발급 현황을 주기적으로 확인하고 있다. | □ 예 / □ 아니오 |
| ⑩ | 나는 최근 3년간 세무 조사 대상이 되었거나, 세무 조사 가능성을 대비한 세무 위험 관리를 하고 있다. | □ 예 / □ 아니오 |

☑ 체크 항목이 3개 이상 '아니오'라면, 절세와 세무 위험 관리를 위한 전략 수립이 필요하다.

# 1인 또는 가족법인에 대한 세무 조사 대책

최근 1인(또는 가족) 법인이 법인세율을 적용받고 경비 처리 범위가 넓다는 장점 덕분에 고소득자들의 절세 전략으로 주목받고 있다. 하지만 이들 법인이 세무 조사에 적발되는 사례도 함께 늘고 있다. 세무 당국은 1인 등의 법인을 운영하는 고소득자들이 '법인 운영의 형식은 갖췄지만, 실질은 개인사업자'라고 보고 철저히 검증하고 있기 때문이다. 다음에서 이에 대한 대책 등을 알아보자.

## 1. 국세청이 중점 조사하는 분야

최근 국세청은 다음의 직종에 해당하는 개인사업자가 설립한 1인 법인에 대해 세무 조사를 강화하는 추세에 있다.

- 유튜버, 인플루언서, 1인 크리에이터들의 페이퍼컴퍼니 활용 탈세
- 부동산 보유 목적 페이퍼컴퍼니(가족 명의 법인 포함)
- 고소득 전문직(의사, 변호사 등)의 1인 법인을 통한 소득 분산 등

이때 주요 점검 내용은 다음과 같다.
- 고소득 사업자의 법인전환 후의 소득 분산 여부를 집중적으로 점검한다.
- 법인이 벌어들인 소득이 실제 법인 활동과 연관이 있는지를 검토한다.
- 가족 명의 급여, 임대료, 용역비 등 비용 처리의 적정성을 확인한다.
- 과다 및 업무무관 비용 처리나 소득 주체의 변경 등을 통한 소득 은닉 여부를 확인한다.
- 대표자 본인과 가족 간 급여·배당 구조가 세법상 적정한지 검토한다.
- 법인을 통한 부동산 취득 목적과 자금 출처를 점검한다.
- 고가 부동산, 자동차, 금융자산 등 소득 대비 자산의 규모를 확인한다.

➔ 실무에서 보면 개인소득을 법인 등을 통해 과도하게 분산시킨 경우, 세무 당국은 세무 조사를 통해 세금 추징으로 대응하고 있다.

## 2. 적용 사례

사례를 통해 위의 내용을 확인해보자.

**01** 유명 유튜버 A씨는 개인 소득세 최고세율(49.5%)을 피하고자 1인 법인을 설립한 후 광고수익·협찬 수익을 법인으로 받았다. 이 경우, 어떤 문제가 있는가?

개인이 1인 법인을 설립해도 문제는 없다. 다만, 법인 비용으로 개인 생활비(고급 차량 리스 비용, 가족여행 경비, 명품 구매 등)를 처리하면, 이를 사적 지출로 보아 법인세 과세와 상여에 따른 소득세를 추가로 부과한다.

➡ 1인 법인을 마치 개인사업처럼 운영하면 대부분 이러한 문제가 발생하므로 사적 지출은 최소화하는 것이 좋다. 그 대신 대표이사의 급여로 처리하는 식으로 하면 이러한 문제를 피할 수 있을 것이다.

**02** K씨는 유명 강사로서 연 수입 10억 원이 넘는 프리랜서였다. 그는 법인을 설립한 후 대표이사 급여는 최소한으로 책정하고, 생활비 대부분을 법인카드로 지출했다. 즉, 해외여행 경비, 가족 식사, 명품 구매 등 사적 경비를 법인 비용으로 처리했다. 이 경우, 어떤 문제가 발생하는가?

Q1과 같은 문제가 발생한다.

**03** L씨는 개인 병·의원을 운영 중에 배우자의 이름으로 설립한 법인(D사)에 외주 용역 형태로 매출을 몰아주었다. 이 경우, 어떤 문제가 있는가?

의료법에 저촉이 되지 않는 한 가족법인과의 거래는 문제가 없다. 다만, 세법상 특수관계인 간에는 부당행위계산 규정이 적용되므로, 거래가 정상적이지 못하면 해당 거래가 부인되고, 세법에 맞게 금액을 재계산하게 된다.

➡ 국세청은 특수관계인이 운영하는 법인에 대해서는 다양한 방법으로 조사를 하게 되므로 이러한 거래 시에는 부당행위가 되지 않도록 노력할 필요가 있다.

**04** 최근 모 연예인이 자신이 세운 1인 법인에서 자금을 과도하게 인출해 횡령으로 처벌을 받았다. 이러한 자금은 세법상 가지급금으로 계상하면 되는 것인데, 왜 횡령으로 처벌을 받을까?

가지급금은 세법상 세무 처리에 불과하기 때문이다. 법인이 대표에게 '돈을 빌려준 것'으로 보는 것이고, 이는 회수 의사가 전제되어야 한다. 그러나 대표이사가 주주총회 승인이나 정당한 절차 없이 법인 자금을 사적으로 사용하면, 법인의 돈을 개인이 임의로 쓴 것이므로 형법상 횡령죄가 성립한다. 따라서 1인 법인은 이러한 문제점을 안고 있으므로 다음과 같은 대책을 세울 필요가 있다.

- 대표이사 대여금, 급여 인상, 배당, 상여금 지급 등 이사회·주주총회 승인 절차를 거쳐 공식적으로 처리해야 한다(차용증 등 구비).
- 사적 사용은 금지, 불가피한 경우 정관 규정과 이사회 결의가 필요하다.
- 회계감사·내부통제 규정을 통해 법인 자금 사적 사용을 원천 차단하거나 최소화한다.
- 대표 개인의 생활비나 투자금은 가급적 급여·배당으로 가져가도록 구조화한다.
- 부득이하게 가지급금이 발생하면 단기간 내 상환 계획을 수립하고 이자를 지급한다.

**05** 1인 법인의 한계를 벗어나기 위해 가족법인을 세우면 위와 같은 문제점이 해결되는가?

일정 부분 해결될 수 있다. 하지만 한계가 있다. 1인 법인이나 가족법인이나 그 태생은 같기 때문이다. 따라서 근본적인 해결책을 찾는다면 법인의 운영원리에 맞게 법인을 운영해야 한다. 다음의 Tip을 참조하기 바란다.

> **Tip  1인 또는 가족법인의 세무 조사 리스크 방지책**
>
> **1. 법인의 실질적 사업 활동 증빙 확보**
> 외부와의 계약서, 용역수행보고서, 매출 자료(세금계산서 등)를 확보한다. 단순 매출 수치 외에 실제 활동 내역(콘텐츠 제작, 기획 업무 등)을 구체적으로 문서화하고, 법인 홈페이지, SNS 채널 등 외부 홍보 활동이 있다면 효과적이다.
>
> **2. 사무실(사업장) 확보 및 운영**
> 사무실을 직접 임대하거나, 공유사무실 등 최소한의 사업장 주소지가 필요하다. 실제 근무하는 공간임을 증명할 수 있도록 사진, 임대차계약서 등을 비치한다.
>
> **3. 직원 또는 외부 용역인력 고용**
> 법인 형태로 운영한다면, 가족이 아닌 실질적인 직원(혹은 외주 용역 인력)의 고용이 필요하다. 4대 보험 가입, 근로계약서, 급여 지급명세서 등 근거 서류를 확보해두도록 한다.
>
> **4. 법인 명의의 자산 사적 사용 방지**
> 법인소유 차량, 부동산, 법인카드 사용 시 개인적 용도와 구분을 철저히 한다. 대표이사가 사적으로 사용하는 경우라면 사용료를 납부하거나 급여로 처리를 한다.
>
> → 법인 자금을 인출한 경우에는 반드시 차용증을 작성하고 상환 계획을 세워야 한다. 그렇지 않으면 단순한 가지급금으로 보지 않고, 회사 자금을 임의로 사용한 것으로 판단되어 자칫 횡령 혐의로 비화될 수 있다.
>
> **※ 차용증 필수 기재 사항**
>
> - 채권자·채무자 정보
> - 이름, 주민등록번호/법인등록번호, 주소

- 차용금액 : 금액을 숫자와 한글로 병기
- 차용일 및 상환기일
- 실제 차용한 날짜와 상환 예정일
- 상환 계획(분할 상환, 일시 상환 등) 포함
- 이자율(약정한 경우에 명시, 무이자도 가능)
- 상환 방법 : 현금, 계좌이체 등 구체적 방법 기재
- 특약사항 : 연체 시 이자, 담보 제공 여부 등 필요 시 추가

5. 대표이사의 급여 및 배당 정책 수립

법인의 매출 규모에 맞는 합리적으로 급여를 설정한다(너무 낮은 급여 설정 시 의심 대상). 법인 이익금 발생 시 일정 비율을 배당으로 지급해 소득 귀속을 명확히 한다.

6. 가족에게 급여를 줄 때는 실질 근무 증빙 필수

배우자, 자녀 등 가족에게 급여를 지급할 경우, 실제 근로 여부와 대가성 입증이 필요하다. 근로계약서, 업무일지, 업무성과보고서 등을 정리해둔다.

7. 가공경비·허위 세금계산서 수수 금지

거래처와의 계약은 실질 거래에 기반해야 하며, 허위 비용 계상 시 세무 위험성이 증가한다. 따라서 세금계산서 수취 시 거래의 실체(거래명세서, 사진, 수행 자료 등) 확보가 필요하다.

# 고소득 사업자 통합조사 대책
## (특수관계 법인 포함)

최근 특수관계 법인을 둘러싸고 세무 조사 등이 빈번하게 발생하고 있다. 해당 법인과 가족 사업자 간 편법 거래를 하는 경우들이 많아지는 것으로 알려졌기 때문이다. 다음에서는 이에 대한 세무 조사 리스크를 관리하는 방법을 알아보자.

### 1. 특수관계 법인 관련 세무 조사 대책

고소득 사업자가 비용 처리 등을 위해 가족법인을 만드는 경우가 있다. 이에 세무 당국은 사업자와 가족법인 간 거래에서 부당행위 여부를 늘 주목한다. 따라서 이에 해당하는 사업자는 평소 세무 관리를 정교하게 진행해야 한다. 다음에서 살펴보자.

**첫째, 거래는 투명하게 한다.**
특수관계인 간의 거래는 계약부터 자금 수수까지 모든 절차가 정상적인 거래 범위 내에서 이루어져야 한다. 서면계약을 체결하고, 계약서에는 거래 목적, 내용, 금액, 기간, 정산 방식 등을 구체적으로 명시한다. 거래금액은 시가 또는 유사 거래 기준에 따라 적정하게 산정한다. 시가보다 부당하게 낮거나 높은 금액으로 거래하면 부당행위계산 부인, 증여의제 등 세법상 불이익이 발생할 수 있다.

> 국세청은 특수관계인 간 거래에 대해 조세회피 목적 여부를 중점적으로 검토하므로, 거래 전 객관적인 시가 산정 자료(감정평가, 견적서, 외부 자문 등)를 확보해 두는 것이 좋다. 이외에 정상적인 거래에서 벗어나는 행위들은 될 수 있는 대로 삼가는 것이 좋을 것으로 보인다.

**둘째, 세법상 거래를 위반할 시 조치 방법을 알아야 한다.**

만약 거래가 적정하지 않다고 판단되거나 세금 신고상 오류가 있었다면, 다음과 같은 조치를 고려해야 한다.
- 세금계산서 오류 시에는 즉시 수정세금계산서를 발급해야 한다. 공급 시기나 공급가액이 잘못되었을 경우 정정 발급이 가능하다.
- 부당행위계산 규정이 적용되면 법인의 손비가 부인되거나, 대표자에게 상여 처분이 될 수 있다. 따라서 이때는 수정신고 등을 통해 해당 내용을 바로잡을 필요가 있다.

## 2. 적용 사례

사례를 통해 위의 내용을 확인해보자.

〈자료〉
K법인의 대표이사는 자신의 배우자가 운영하는 면세업인 병·의원(A)을 위한 블로그 홍보를 위해 다음과 같이 계약을 체결했다.
- 매월 300만 원(부가세 별도)

### 01 위 거래는 왜 발생하는가?

주로 개인사업자의 소득세를 줄이기 위해 이러한 거래를 시도하는 경우가 많다. 알다시피 소득세율은 6~45%이고, 법인세율은 보통 20%(과세표준 200억 원 이하) 이하에서 적용되기 때문이다(단, 배당소득세 등 무시).

### 02 위 거래에 대해서는 세법상 어떤 문제가 있는가?

K법인과 A병·의원 간에는 특수관계가 성립하므로 법인세법 또는 소득세법상 부당행위계산 규정이 적용될 수 있다. 따라서 이 거래가 조세를 부당하게 감소시키지 않았음이 증명되어야 한다.

→ 실무상 해당 홍보를 K법인이 실제로 했음이 계약서, 세금계산서, 대금 지급, 작업 수당 지급 등에 의해 확인되면 세법상 문제가 거의 없다.

### 03 위 거래상의 금액은 적정한가?

실무에서 보면, 금액의 적정성에 대해서는 별도의 판단을 하지 않고 계약서상의 금액을 그대로 인정한다. 다만, 금액이 사회통념을 벗어나면 이를 인정하지 않는다.

**절세 탐구** | 프리랜서가 세무 조사 위험을 낮추는 방법

프리랜서는 고용되지 않고 자유스럽게 일을 하는 사람들을 말한다. 대표적으로 연예인과 운동선수가 있고, 이외에 프로그래머나 학원 강사, 보험설계사, 방문판매원 등도 있다. 이들의 소득은 대부분 사업소득에 해당하므로 개인사업자들에게 적용되는 세금 정산 방법을 준용하면 별문제가 없다. 그런데 현실은 그렇지 않다. 사업장을 갖추고 있는 사업자들과 다른 제도들이 적용되는 경우가 많기 때문이다. 다음에서 이들의 관점에서 세무 관리를 어떻게 해야 하는지 등을 정리해보자.

### 1. 프리랜서의 신분과 세금 제도

프리랜서*는 본질이 1인 사업자와 같다. 따라서 어디에 고용된 것이 아니며, 본인의 책임과 자기 계산하에 소득을 창출하게 된다. 그리고 세금 신고도 본인이 직접 행해야 한다.

* 이는 세법상 '인적용역 사업자'라고 하며, 본인 혼자의 힘으로 노동력을 제공하는 사람들을 말한다. 이에는 구체적으로 다음과 같은 용역이 포함된다.
  - 저술·작곡·미술·연기·성우 등 창작 및 예술
  - 강연·교수·심판·감독 등 전문 지식·기능 제공
  - 번역·교정·속기·필경 등 전문 작업
  - 보험모집·외판원·작명·점술 등 성과급 성질의 용역
  - 1인 미디어 창작자(유튜버, 디자이너 등), 프로그래머 등

### 2. 프리랜서와 사업자등록

원래 사업자는 사업자등록을 하는 것이 원칙이다. 따라서 프리랜서도 사업자등록을 해야 한다. 다만, 소득을 지급받을 때 3.3%를 원천징수하는 프리랜서는 사업자등록을 굳이 할 필요는 없다. 원천징수 과정

에서 소득이 국세청에 보고되기 때문이다. 그런데 프리랜서(인적용역 사업자)가 물적 시설(사업장 등)과 인적 요소(고용 등)를 이용하면 과세업으로 사업자등록 의무가 발생함에 유의해야 한다. 다음을 참조하자.

※ 인적용역 사업자와 사업자등록 의무, 그리고 세법 적용

| 조건 | 사업자등록 의무 | 비고 |
| --- | --- | --- |
| ① 물적 시설* 없음+고용** 없음. | 면세사업 → 사업자등록 의무 없음 (단, 면세업자로 등록 가능. 주소는 집 등). | 세법상 중소기업 아님. |
| ② 물적 시설 있음+고용 없음. | 과세사업 → 사업자등록 의무 있음.*** | 세법상 중소기업 해당함. |
| ③ 물적 시설 없음+고용 있음. | | |
| ④ 물적 시설 있음+고용 있음. | | |

* 물적 시설은 계속적·반복적으로 사업에만 이용되는 건축물·기계장치 등의 사업설비(임차한 것을 포함한다)를 말한다.
** 근로자 고용에는 고용 외의 형태로 해당 용역의 주된 업무에 대해 타인으로부터 노무 등을 제공받는 경우를 포함한다. 따라서 이 경우에는 면세업이 아닌 과세업에 해당하므로 유의해야 한다.
*** 부가세 과세사업자가 사업자등록을 하지 않으면 미등록가산세 및 세금계산서 미교부 가산세 등이 부과되므로 주의해야 한다.

➡ 인적용역 사업자의 사업자등록 유형은 조특법상 중소기업 여부를 판가름하는 중요한 잣대가 된다. 일반적으로 면세업에 해당하는 인적용역 사업자는 면세사업자등록에도 불구하고, 조특법상 중소기업에 해당하지 않는다(서면 소득 2025-766, 2025.06.18).* 따라서 인적용역 사업자가 세법상 중소기업에 해당하려면 기본적으로 과세사업자로 등록해야 할 것으로 보인다. 뒤의 7에서 조금 더 살펴보자.

* 세법상 중소기업에서 제외되면 중소기업에 관한 조세 감면을 받지 못한다.

## 3. 원천징수와 세금계산서 교부 등

프리랜서가 받은 소득은 사업소득에 해당한다. 이에 대한 소득을 지급하는 자는 다음과 같이 원천징수를 해야 한다.

① 면세사업자인 경우(사업장도 없고 고용도 없는 경우, 즉 혼자 일하는 경우)

- 면세사업자로 등록한 경우 : 3.3%(원천징수를 하면 계산서 발급은 안 해도 됨)*
  * 계산서 발급 대신 원천징수를 안 하면 가산세를 부과하므로 주의해야 함. 면세사업자는 원천징수를 무조건 해야 함.

- 무등록한 경우 : 3.3%

② 과세사업자의 경우(사업장을 갖추거나 고용을 한 경우)

- 간이과세자로 등록한 경우 : 증빙 발급 없음(원천징수 불요).*
- 일반과세자로 등록한 경우 : 세금계산서 발급(원천징수 불요)*
  * 이 경우에는 3.3% 원천징수가 필요 없다.

➡ 프리랜서가 소득을 지급받을 때마다 납부한 원천징수세액은 다음 해 5월 종합소득세 신고 기간에 정산된다.

## 4. 프리랜서의 장부 작성 의무

프리랜서도 사업자에 해당하므로 장부를 작성하는 것이 원칙이다. 하지만 영세한 프리랜서가 장부를 작성하기는 쉽지 않다. 그래서 연간 수입이 4,800만 원에 미달하면 장부를 작성하지 않는 경우가 일반적이다. 이 정도의 매출 규모로는 이를 작성하지 않아도 가산세(20%) 제재가 없기 때문이다. 장부 작성은 전문적인 세무회계지식이 있어야 하므로 세무회계전문가와 상의하기 바란다.

## 5. 프리랜서의 주요 경비 처리법

차를 운행하는 경우에는 차량 보험료나 유류대, 수리대 등은 물론 차량 구입가격까지도 한도 내에서 비용 처리를 할 수 있다. 경조사 비용은 건당 20만 원 내에서는 비용으로 인정되므로 청첩장 사본을 보관하도록 한다. 핸드폰 사용료나 식대 등도 영수증을 갖추면 비용으로 인정받을 수 있다. 접대비는 보통 연간 1,200만 원(중소기업으로 인정되는 경우는 3,600만 원)까지 사용할 수 있다. 참고로 프리랜서가 가사비용 등을 과도하게 처리하면 세무 조사 시 문제가 발생할 가능성이 크다.

> 인적용역 면세사업자가 직원을 고용(또는 외부용역에 의존)하면 면세사업자가 박탈될 수 있음에 유의해야 한다.* 그 결과, 과세사업자로 바뀌면 부가세 추징 등이 뒤따를 수 있다.
> * 인건비를 반영해 소득세를 신고할 때 주의해야 한다.

## 6. 프리랜서와 종합소득세 신고법

프리랜서도 종합소득세 신고 의무가 있다. 이때 주의할 것은 동종업계의 평균 소득률과 차이가 크거나 가사 비용이 포함된 경우, 세액감면 등을 무분별하게 받으면 추징을 당할 수 있다는 것이다. 한편 개인 서비스업인 프리랜서의 경우 연간 매출액이 5억 원 이상이면 성실신고확인 제도가 적용된다. 이 제도가 적용되면 업무와 무관한 비용이 장부에서 제거되므로 과세소득이 많이 증가할 수 있다.

## 7. 프리랜서와 조세 감면

프리랜서는 사업자등록 유형에 따라 감면이 제한될 수 있는데, 이를 정리하면 다음과 같다.

※ 프리랜서의 사업자등록 유형에 따른 창업중소기업 세액감면과 중소기업 특별세액감면의 비교

| 구분 | | 창업중소기업 세액감면 | 중소기업 특별세액감면 |
|---|---|---|---|
| 근거 규정 | | 조특법 제6조 | 조특법 제7조 |
| 감면 업종 | | 음식점업, 건설업 등 18개 업종 | 건설업 등 50개 업종 (음식점업 제외, 좌와 다름) |
| 감면 내용 | | 5년간 50~100% 감면 (감면 한도 없음) | 매년 5~30%(감면 한도 있음) |
| 감면 지역 | | 청년(34세)은 지역 불문. 비청년은 수도권 과밀억제권 밖 감면 | 수도권 내와 밖으로 구분해 차등 적용(수도권도 적용) |
| 과세사업* | 사업자등록○ | 적용 가능 | 좌동 |
| | 사업자등록× | 적용 불가 | 좌동 |
| 면세사업* | 사업자등록○ | 적용 불가* | 좌동 |
| | 사업자등록× | 적용 불가 | 좌동 |

* 면세업인 프리랜서는 조특법상 중소기업에서 제외하기 때문에 감면이 불가하다. 따라서 중소기업에 대한 감면을 받기 위해서는 기본적으로 과세사업자로 등록해야 할 것으로 보인다. 과세사업자로 등록한다는 것은 물적 시설과 인적 요소가 갖춰졌다는 것을 의미한다.

➡ 공유오피스에서 사업자등록을 낸 상태에서 실제 근무지가 다르면 감면이 제한될 수 있으므로, 근무 기록과 각종 증빙(공유오피스에서 사업자등록, 근처 식사, 교통 기록 등 확보)을 남겨두는 것이 좋다.

| 검토 항목 | 적용 가능 여부 | 비고 |
|---|---|---|
| 비상주 공유오피스만 등록 | ×(감면 불인정 위험) | 실질 운영 부재 시 탈세로 판단 가능 |
| 공유오피스 실제 활용 | ○(조건부 감면 가능) | 출퇴근 기록, 업무 기록, 거래 증빙 필요 |
| 탈세 목적으로 주소만 등록 | ×(감면 취소+가산세 추징) | 국세청의 집중 단속 대상 |

### 8. 프리랜서의 건강보험 가입법

프리랜서도 개인사업자에 해당하므로 국민연금이나 건강보험 등에 가입해야 한다. 사업자등록이 없는 경우에는 지역에서 가입하는 것이 원칙이다.

### 9 프리랜서의 법인 설립

프리랜서가 법인 설립을 하면 개인사업자와 다른 세법이 적용된다. 몇 가지만 나열하면 다음과 같다.
- 일반과세자로 등록을 해야 한다.
- 세법상 중소기업에 해당하므로 접대비는 3,600만 원 한도 적용, 중소기업 관련 세액감면을 받을 수 있다.
- 대표이사의 급여를 비용으로 처리할 수 있으며, 법인카드를 사용하면 비용의 범위를 넓힐 수 있다.

제 **9** 장

# 고소득 사업자 vs 법인의 가업 승계 전략

# 사업체 대물림과
# 세무상 쟁점

 지금 운영하는 사업체를 자녀 등에게 대물림한다고 하자. 이때는 어떠한 방법이 있을까? 아마도 대부분 상속이나 증여 정도를 떠올릴 것이다. 하지만 이외에도 양수도의 방법도 있다. 다음에서 사업체를 대물림할 때 발생할 수 있는 세무상 쟁점 등에 대해 알아보자.

## 1. 사업체 대물림과 세무상 쟁점

 사업체를 상속 등의 방법으로 이전할 때 발생할 수 있는 세무상 쟁점을 알아보자.

**첫째, 상속으로 가업을 이전하는 경우**
- 개인기업의 경우, 사업용 순자산(자산-부채)과 영업권이 상속재산에 포함된다. 따라서 이러한 자산이 많으면 상속세가 많이 나올 수 있다.
- 법인기업의 경우, 보유한 주식의 가액이 상속재산에 포함된다. 따

라서 주식 가격이 높을수록 상속세가 증가할 수 있다.

**둘째, 증여로 가업을 이전하는 경우**
- 개인기업의 경우, 순자산가액과 영업권에 대해 증여세가 발생할 수 있다.
- 법인기업의 경우, 보유 주식에 대해 증여세가 발생할 수 있다.

**셋째, 사업양수도로 가업을 이전하는 경우**
사업체도 물건처럼 돈을 받고 팔 수가 있다.
- 개인기업을 양도하면 영업권(권리금)에 대해서는 기타소득세가 부과될 수 있다.
- 법인기업의 주식을 양도하면 이에 대해서는 양도세가 부과될 수 있다.

## 2. 적용 사례

사례를 통해 위의 내용을 확인해보자.

〈자료〉
- K씨는 제조업을 개인사업자로 영위 중임.
- 사업용 자산(시가)은 100억 원이며, 부채는 20억 원임.
- 영업권 평가액은 10억 원임.
- 이외 개인용 자산은 20억 원임.
- 상속공제액은 20억 원 가정

### 01 K씨의 총재산가액은 얼마인가?

110억 원이다.
- 사업용 순자산 80억 원(100억 원-부채 20억 원)+영업권 10억 원+개인용 자산 20억 원 = 110억 원

### 02 K씨가 사망한 경우, 상속세 예상액은?

- 상속세 과세표준 = 총재산가액 110억 원-상속공제 20억 원(가정) = 90억 원
- 산출세액 = 90억 원×50%-누진공제 4.6억 원 = 45억 원-4.6억 원 = 40억 4,000만 원

(※ 실제는 배우자 상속공제, 가업상속공제 등을 적용하면 크게 줄어들 수 있음)

### 03 이 기업이 법인기업이고 K씨가 주식을 100% 보유한 경우, 상속세는 달라지는가?

개인사업자의 경우, 사업용 자산과 영업권이 개별 자산으로 평가되며, 법인기업은 영업권을 포함해 주식 가치가 평가되므로 이론상 이 둘의 가치는 같다고 봐도 될 것으로 보인다.

### 04 이 기업은 가업상속공제를 받을 수 있도록 준비가 되어 있다. 이 경우, 상속세는 얼마나 예상되는가? 가업상속공제액은 사업용 순자산가액인 80억 원이다.

- 상속세 과세표준 = 총재산가액 110억 원-상속공제 100억 원(20억 원+80억 원) = 10억 원
- 산출세액 = 10억 원×30%-누진공제 0.6억 원 = 3억 원-0.6억 원

= 2억 4,000만 원

➔ Q2와 비교해볼 때 38억 원이 감소한다. 여기에서 알 수 있는 것은 가업이 상속될 때 가업상속공제를 제대로 받는 것이 매우 중요함을 알 수 있다.

### 04 사망 전에 사업체의 대표자를 자녀로 변경하면 증여세가 나오나?

① 개인사업자의 경우

대표자 변경 자체는 법률상·세법상 '재산의 무상 이전'으로 보지 않으므로 증여세 과세 대상이 아니다. 그러나 다음과 같은 경우에는 증여세 문제가 발생한다.

- 사업용 자산(부동산·기계장치 등)을 자녀 명의로 이전하는 경우
- 사업자등록 자체를 자녀 명의로 이전하면서 영업권을 포함한 사업 가치를 무상 이전하는 경우

특히 사업용 부동산이 포함된 사업을 이전하는 경우, 부동산의 시가 + 영업권 가액 합계에 대해 증여세가 과세될 가능성이 크다.

② 법인기업의 경우

대표이사를 자녀로 교체하는 것만으로는 증여세 문제가 발생하지 않는다. 법인자산의 소유권은 법인에 있고, 경영권은 '주식 보유'에 의해 결정되기 때문에 주식을 증여해야만 증여세 과세가 가능하다.

➔ 음식점업이나 도소매업처럼 부동산 자산이 적은 업종은 대표자만 교체해 사업을 이어가는 경우가 흔하다. 이 경우, 대부분 증여세를 고려하지 않는다. 단, 부동산 등 등기·등록이 필요한 자산이 사업체에 포함되어 있으면 사업양수도나 증여 절차를 거쳐야 하고, 이에 따른 세금 문제가 발생한다.

# 사업체 대물림과 세제 지원책

앞에서 살펴본 것처럼, 사업체 대물림 방법에는 크게 3가지가 있다. 상속, 증여, 그리고 사업양수도이다. 각 방법에 따라 적용할 수 있는 세제 지원책이 다르므로, 이를 비교·정리해보자.

## 1. 사업체 대물림 방법과 세제 지원책

### 첫째 방법 : 상속

피상속인의 사망으로 인해 법정 상속인에게 사업체 소유권이 이전되는 것을 말한다. 현행 상증세법에서는 가업 승계를 원활히 할 수 있도록 가업상속공제를 최대 600억 원까지 적용한다.

- 적용 대상 기업 : 제조업 등 영위 기업(개인과 법인 포함)
- 적용 요건 : 10년 이상 계속 경영, 업종·고용 유지 등

### 둘째 방법 : 증여

생전에 무상으로 사업체(영업권 포함)를 이전하는 것을 말한다. 현행 상증세법에서는 법인기업만 주식을 사전에 증여하는 경우, 증여가액 100억 원(증여공제 10억 원)까지 10% 세율(초과분 20%)을 적용한다.

- 적용 대상 기업 : 제조업 등 영위 기업(법인만 해당)
- 적용 요건 : 10년 이상 계속 경영 요건

➔ 다만, 이 세제 지원을 받은 주식증여가액은 향후 상속재산가액에 포함되어 상속세로 정산되는 한편, 가업상속공제를 적용받을 수 있으나, 실익이 그리 크지 않아 유명무실한 제도가 되고 있다.

### 셋째 방법 : 사업양수도

금전 등의 대가를 받고 사업체(자산·부채·영업권)를 유상으로 이전하는 것을 말한다. 이에 대해서는 별다른 세제 지원책이 없다.

➔ 이상의 내용으로 보건대, 사업체의 대물림과 관련해 뚜렷한 세제 지원은 '가업상속공제' 정도만 있다.

## 2. 적용 사례

사례를 통해 위의 내용을 확인해보자. K개인사업자의 사업 현황은 다음과 같다.

〈자료〉
- 최근 3년간 평균 매출 : 20억 원
- 최근 3년간 평균 이익 : 5억 원
- 사업용 자산 : 5억 원
- 사업용 부채 : 4억 원
- 영업권 평가액 : 2억 원
- K씨의 개인재산 : 20억 원

### 01 이 사업체가 상속되면 상속재산가액은 얼마인가?

사업용 자산에서 부채를 차감한 금액 1억 원과 영업권 평가액 2억 원, 그리고 개인재산 20억 원을 더하면 23억 원이 된다.

### 02 상속공제액이 13억 원이라면 상속세 예상액은?

23억 원에서 13억 원을 공제한 10억 원이 상속세 과세표준이 되고, 이에 30%(누진공제 6,000만 원)를 적용하면 2억 4,000만 원이 된다.

### 03 만일 가업상속공제액이 5억 원이라면 상속세 예상액은?

상속세 과세표준이 5억 원으로 줄어들고, 이에 20%(누진공제 1,000만 원)를 적용하면 9,000만 원이 된다.

### 04 만일 생전에 이 사업장의 대표를 자녀로 변경하면 증여세가 나오는가? 단, 사업용 자산과 부채는 자녀가 승계를 받는다고 하자.

자녀가 증여받은 순자산은 1억 원이 되므로 이론상 이의 금액과 영업권에 대해서는 증여세가 발생한다. 하지만, 실무적으로 이 정도의 금액에 대해서는 과세 문제가 잘 발생하지 않는다.

### 05 만일 이 사업장을 K씨가 자녀에게 돈을 받고 양도하는 경우, 소득 처리와 비용 처리는?

- K씨 → 사업용 순자산에 대해서는 소득세가 발생하지 않으나, 권리금에 대해서는 기타소득(부동산과 함께 양도하면 양도소득)으로 처리된다(필요경비율 60%). 하지만 실무에서 보면 권리금을 받는 것을 포기하는 때도 많아 세금 문제가 잘 발생하지 않는다.
- K씨의 자녀 → 사업용 순자산가액은 그대로 인수하는 것이며, 영업권에 대한 대가를 지급하느냐에 따라 다음과 같은 효과가 발생한다.
    - 영업권 대가를 지급하지 않은 경우 : 영업권을 장부에 계상할 수 없다.
    - 영업권 대가를 지급하는 경우 : 영업권을 장부에 계상하고 5년간 감가상각을 할 수 있다.*

    * 이러한 효과를 얻기 위해서는 미리 감정평가를 받거나 상증세법에서 정하는 방법으로 영업권 가액을 구해야 한다.

# 가업상속공제의 모든 것

상속되는 기업에 세금을 크게 부과하면 그 기업이 온전히 유지될 수 없다. 이에 정부는 해마다 중소기업(중견기업)이 가업으로 상속될 때, 이들의 세금 부담을 줄여주기 위해 노력을 해왔는데, 대표적인 제도가 바로 가업상속공제다. 다음에서 이와 관련된 내용을 살펴보자.

### 1. 가업상속공제

가업상속공제는 중소기업(중견기업 포함. 이하 동일)의 창업주가 사망한 경우, 가업을 원활히 이어받을 수 있도록 특별히 공제를 적용하는 제도를 말한다. 참고로 가업이란, 상속개시일이 속하는 과세연도의 직전 과세연도 말 현재 조특법 시행령 제2조 제1항에 따른 중소기업 업종을 피상속인(기업주)이 10년 이상 계속해서 중소기업으로 유지 경영한 기업을 말한다.

**공제금액** 가업상속인이 상속받은 가업상속금액(사업무관자산은 제외)의 100%

**공제 한도**
- 피상속인이 10년 이상 계속 경영 : 300억 원
- 피상속인이 20년 이상 계속 경영 : 400억 원
- 피상속인이 30년 이상 계속 경영 : 600억 원

**공제 요건**

| 구분 | 기준 | 상세 내역 |
|---|---|---|
| 가업 요건 | 계속 경영기업 | 피상속인이 10년 이상 계속해서 경영한 기업 |
| | 중소기업(중견기업) | 가업상속공제 적용 업종을 주된 사업으로 할 것 등 |
| 피상속인 요건 | 주식(지분) 보유 기준 | 피상속인(특수관계인* 포함) 40%(상장 20%) 이상을 10년 이상 계속해 보유 |
| | 대표이사 재직 요건 (3가지 중 1가지 충족) | ① 피상속인이 가업 영위 기간 50% 이상 재직<br>② 피상속인이 10년 이상 재직 기간(단, 상속인이 피상속인의 대표이사직 승계일~상속개시일까지 계속 재직한 경우에 한함)<br>③ 피상속인이 상속개시일로부터 소급해 10년 중 5년 이상의 기간 |
| 상속인 | 연령 | 18세 이상 |
| | 가업 종사 | 상속개시일 전 2년 이상 종사<br>(예외 : 피상속인이 65세 이전 사망, 천재지변 등으로 사망은 제외, 상속인이 상속개시일 2년 전부터 질병의 사유로 가업 종사하지 못한 기간도 인정) |
| | 취임 기준 | • 신고기한까지 임원 취임<br>• 신고기한으로부터 2년 이내 대표이사 취임 |
| | 배우자 | 상속인의 배우자가 요건 충족 시 상속인 요건 충족으로 봄. |
| 사후관리 | 5년간 | • 자산 유지 : 40% 이상<br>• 가업 종사 : 해당 상속인이 가업에 종사<br>• 지분 유지 : 상속받은 지분 유지<br>• 고용 유지 : 정규직과 총급여 평균을 종전 2년 대비 90% 유지 |

* 특수관계인은 본인과 친족관계·경제적 연관관계·경영지배 관계 등 대통령령으로 정한 관계에 있는 자를 말하며, 본인도 특수관계인의 특수관계인으로 본다(상증세법 제2조).

① 친족관계
국세기본법 시행령 제1조의2 제1항 제1~5호 해당 친족(4촌 이내 혈족, 3촌 이내의 인척, 직계비속의 배우자의 2촌 이내 혈족과 그 배우자 포함)

② 사용인과 생계 유지자 등
사용인 : 임원, 상업사용인, 고용계약 관계자, 본인의 재산으로 생계를 유지하는 자 포함, 출자 지배법인의 사용인도 포함

➔ 특수관계인은 친족, 사용인, 경영 영향력이 있는 기업집단 소속 기업·임원, 출자 지배법인, 특정 비영리법인까지 포함되며, 종업원과 임원도 이에 포함될 수 있음에 유의해야 한다.

## 2. 적용 사례

사례를 통해 위의 내용을 확인해보자.

### 01. 가업상속공제를 적용받으려면 최소한 몇 년 이상 기업을 경영해야 하는가?

피상속인(사망자)이 10년 이상 계속 경영을 해야 한다. 이 기간이 안 되면 가업상속공제 자체가 적용되지 않는다.

➔ '계속 경영'은 끊어지지 않고 연속적으로 이어짐을 의미하므로, 중간에 폐업한 후 재개업을 하면 재개업일로부터 10년 기간을 다시 산정해야 한다. 참고로 휴업 후 재개하는 경우, 실질 영업이 계속되었다는 입증 자료가 있으면 계속 경영이 인정될 것으로 보인다. 유권해석으로 확인하기를 바란다.

**02** 가업상속공제의 적용 기업은 주로 중소기업과 중견기업에 해당해야 한다. 이때 업종 요건은 없는가?

있다. 이때 상증세법에서 정하고 있는 별표상 업종을 먼저 확인한 후, 구체적인 범위는 통계청 표준산업분류표로 확인한다. 상증세법상 업종과 표준산업분류표상의 업종 내용이 일치하지 않을 수도 있기 때문이다.

- 적용되는 업종 : 농업, 광업, 제조업, 건설업, 도소매업, 숙박 및 음식점업(주점업 제외), 정보통신업, 전문과학 및 기술서비스업(변호사나 의사 등 전문 직종은 제외), 임대업(부동산 임대업은 제외), 교육서비스업, 사회복지사업, 예술, 스포츠 및 여가 관련업(도서실 운영업은 제외), 개인 간병 및 유사 서비스업 등

➔ 업종과 관련해서 다양한 쟁점이 발생하는데, 이에 대해서는 이 장의 절세 탐구를 참조하기 바란다.

**03** 피상속인이 개인사업자 또는 중소기업의 대주주라면 지분 요건은 어떻게 따질까?

- 개인사업자 → 개인사업자로 사업지분 40% 이상을 10년 이상 계속해서 보유하면 된다(개인사업자가 대표자면 문제가 없다).
- 법인의 대주주 → 피상속인(특수관계인 포함)이 40%(상장 20%) 이상을 10년 이상 계속해서 보유하면 된다(지분 보유의 연속성이 중요하다).

➔ 지분 보유 요건과 관련해서도 다양한 쟁점이 발생할 수 있다. 이 장의 절세 탐구를 참조하기 바란다.

### 04 피상속인은 대표이사로 일정 기간 재직해야 한다. 최소한 몇 년 이상은 재직해야 하는가?

피상속인의 재직 요건은 3가지 중 하나를 충족하면 된다. 앞의 표를 보면 최소한 5년 이상의 대표이사 재직이 필요함을 알 수 있다.

→ 피상속인이 대표이사직을 사임할 때에는 이러한 요건을 충족하는지를 점검해야 한다.

### 04 가업상속인은 언제까지 가업에 종사해야 하는가?

원칙적으로 상속개시일 전 2년 이상 가업에 종사한 자가 가업상속인이 될 수 있다. 상속 후에 가업상속공제를 받으면 상속세 신고기한일로부터 5년 이상 계속해서 가업에 종사해야 한다. 이를 위반하면 상속공제액이 추징된다.

### 05 가업상속인 대신 그의 배우자가 가업을 이어받아도 가업상속공제가 적용되는가?

원칙적으로는 상속인이 가업상속인이 될 수 있다. 다만, 상속인의 배우자가 가업을 승계해도 상속인이 요건을 갖춘 것으로 본다.

### 06 가업에 종사하지 않은 상속인이 가업상속재산을 배분받더라도 상속공제를 적용할 수 있는가?

종사하지 않은 상속인이 배분받은 금액은 가업상속공제 대상에서 제외된다. 따라서 상속인 중 일부가 가업 승계 요건을 충족하면, 해당 상속인만 공제받을 수 있다.

→ 상속세 실무에서는 공제 대상자와 비대상자를 명확히 구분하고, 배분 비율에 따라 상속세를 계산해야 한다.

## 07 가업상속재산에 사업무관자산이 포함되어 있다면, 이에 대해서도 가업상속공제가 적용될까?

사업무관자산은 가업과 직접적인 관련이 없는 자산으로 가업상속공제에서 제외된다. 가업상속재산가액의 범위는 다음과 같이 정한다(상증세법 시행령 제15조 제5항).

※ **가업상속재산가액의 범위**

- 가업상속재산가액 = 가업상속인이 받거나 받을 상속재산 중 가업 관련 재산의 가액 (사업무관자산가액은 제외)

개인사업자와 법인으로 나눠 가업상속재산가액을 살펴보면 다음과 같다.

### 1. 개인사업자의 가업

가업에 직접 사용되는 사업용 자산(토지·건물·기계장치 등)을 말한다. 단, 비사업용 토지는 제외하며, 위 자산가액에서 해당 자산 담보채무액을 차감한다.

→ 개인사업자의 현금은 사업무관자산에 해당한다. 법인은 원칙적으로 사업 관련 자산에 해당한다.

### 2. 법인의 가업

- 주식 등 가액 × (1 - 법인의 총자산 중 사업무관자산*이 차지하는 비율)

\* 사업무관자산 종류
① 법인세법 제55조의2(토지 등 양도소득에 대한 과세특례)에 해당하는 자산
② 법인세법 시행령 제49조(업무와 관련이 없는 자산의 범위 등)에 해당하는 자산 및 타인에게 임대하고 있는 부동산(지상권 및 부동산 임차권 등 부동산에 관한 권리를 포함한다)
③ 법인세법 시행령 제61조 제1항 제2호에 해당하는 자산(대여금)
④ 과다보유현금[상속개시일 직전 5개 사업연도 말 평균 현금(요구불예금 및 취득일부터 만기가 3개월 이내인 금융상품을 포함한다)보유액의 100분의 200을 초과하는 것을 말한다]
⑤ 법인의 영업 활동과 직접 관련이 없이 보유하고 있는 주식, 채권 및 금융상품(④에 해당하는 것은 제외한다)

## Tip 개인기업과 법인의 가업상속공제 범위 비교

① 개인기업

개인기업은 사업용 자산(토지·건물·기계 등을 말하며, 담보된 채무는 제외)을 기준으로 가업상속공제를 적용한다. 따라서 사업무관자산(현금, 유가증권, 임대용 부동산 등)은 공제 대상에서 제외된다. 즉, 현금 등 사업무관자산은 상속가액에 포함되어 과세되지만, 가업상속공제 적용은 받지 못한다.

② 법인기업

상속재산을 주식(지분)으로 평가한다. 이때 법인 보유자산 전체가 주식 가치에 반영되지만, 가업상속공제 요건상 사업무관자산가액은 제외하고 계산한다. 즉, 법인이 보유한 현금 중 필요자금(2배 초과분 제외)은 사업용으로 인정되지만, 과도한 현금 등은 사업무관자산으로 빠진다.

③ 법인 가업 승계가 유리한 점
- 개인 : 사업무관자산과 현금 등은 전혀 공제 불가 → 과세표준 커짐.
- 법인 : 사업무관자산은 공제 불가이지만, 2배 이내의 현금 등은 공제 대상임.

➜ 따라서 동일한 규모라면 개인기업보다 법인기업의 가업상속공제 적용 범위가 넓다는 장점이 있다.

# 개인사업자의 실전
# 가업 승계 전략

개인사업자는 사업의 규모에 따라 가업 승계 전략을 달리할 수 있다. 예를 들어 사업 규모가 작다면, 대표자 교체 등을 통해 언제든지 사업을 물려받을 수 있다. 하지만 사업 규모가 큰 경우에는 세무상 쟁점이 발생하므로 정상적인 절차를 밟아 진행하는 것이 좋다. 다음에서는 후자의 관점에서 개인사업자가 어떤 식으로 가업을 승계하는 것이 좋을지를 점검해보자.

## 1. 개인사업자의 가업 승계와 세제 지원

### 1) 생전에 가업을 이어받은 경우
무상으로 이전하면 증여세, 유상으로 이전하면 영업권 등에 대한 소득세 문제를 검토해야 한다.

### 2) 사후에 가업을 이어받은 경우
이 경우에는 상속세에서 적용되는 가업상속공제에 관심을 둬야 한다. 개인사업자에 적용되는 가업상속공제의 흐름은 다음과 같다.

(공제금액) 가업상속인이 상속받은 가업상속재산가액(사업무관자산 제외)의 100%(한도 300~600억 원)

(공제 요건)
- 피상속인이 10년 이상 계속해서 경영한 제조업이나 음식점업 등 세법에서 정한 업종을 영위할 것
- 상속인(자녀 등)은 상속개시일 전 2년 이상 종사하고, 상속세 신고기한으로부터 2년 이내 대표자로 취임할 것(자녀의 배우자가 상속인 자녀를 대신해 가업에 종사하더라도 이 요건을 충족한 것으로 봄)
- 상속공제 후 5년간 고용(90% 이상) 등을 유지할 것

## 2. 적용 사례

K씨는 경기도에서 토지와 건물을 취득한 후 빵집을 운영한 다음, 가업상속공제를 활용해 자녀에게 사업체를 이전하려고 한다.

〈자료〉
- 사업용 자산 : 50억 원(토지와 건물, 기계장치 등 40억 원 포함)
- 사업용 부채 : 10억 원(위 토지 등에 담보된 채무 10억 원 포함)
- K씨의 사업용 자산 외 일반자산 : 20억 원

**01** K씨는 현재 70세이다. 상속이 발생하면 상속세는 얼마나 예상되는가?

재산가액은 사업용 자산에서 부채를 차감한 40억 원과 일반자산을 합하면 총 60억 원이 된다. 이에 상속공제 10억 원(가정)을 적용하면 다

음과 같이 상속세가 예상된다.

- 상속세 예상액 : 50억 원(60억 원-10억 원)×50%-4.6억 원(누진공제) = 20억 4,000만 원

**02** 가업상속공제가 적용되는 재산가액이 30억 원이고, 이에 공제가 100% 적용되면 상속세는 얼마나 예상되는가?

상속공제액이 기존 10억 원에서 40억 원으로 늘어나므로 상속세는 다음과 같이 예상된다.

- 상속세 예상액 : 20억 원(60억 원-40억 원)×40%-1.6억 원(누진공제) = 6억 4,000만 원

➔ Q1보다 16억 원가량이 줄어든다.

**03** Q2에서 가업상속공제가 적용되는 재산가액은 왜 40억 원이 아닌가?

가업상속공제는 토지와 건물, 기계장치, 비품, 영업권 등 사업용 유무형의 자산에서 그 자산에 담보된 부채를 차감한 금액에 적용되기 때문이다. 사례에서는 공제가 적용되는 자산가액은 40억 원이고 담보된 채무는 10억 원으로 가정했으므로 30억 원이 공제 대상이 된다.

➔ 개인기업의 경우, 가업상속재산에는 현금 등 금융자산을 포함하지 않으며, 비사업용 토지 같은 사업무관자산도 제외한다.

### 04 가업상속공제를 받기 위해서는 피상속인 즉 K씨는 몇 년 이상 사업을 영위해야 하는가?

적어도 10년 이상이다. 이 기간에 미달하면 공제 혜택이 없다.

### 05 K씨가 운영하는 제과점업은 가업상속공제를 받을 수 있는 업종에 해당하는가?

그렇다. 해당 제과점업은 통계청의 표준산업분류상 음식점업(아래 표)에 속한다. 이러한 음식점업은 상속세법에서 정하고 있는 가업상속공제의 대상에 포함된다.

| 음식점업 | 제과점업(분류 코드 56150)<br>Bakeries |
|---|---|
| 설명 | 즉석식의 빵, 케이크, 생과자 등을 직접 구워서 일반 소비자에게 판매하거나 접객 시설을 갖추고 구입한 빵, 케이크 등을 직접 소비할 수 있도록 제공하는 산업 활동을 말한다. 접객 시설을 갖추고 떡류를 제공하는 경우도 포함한다.<br>〈제외〉<br>• 접객시설 없이 빵, 케이크 등을 구입해 일반 소비자에게 판매(47, 즉 소매업에 해당함) |

### 06 만일 K씨가 생전에 이 사업장의 대표를 자녀로 변경하면 증여세가 나오는가? 단, 사업용 자산과 부채는 자녀가 승계를 받는다고 하자.

자녀가 증여받은 순자산(자산-부채)과 영업권을 더한 금액에 대해 증여세가 발생하는 것이 원칙이다. 다만, 실무적으로 증여세가 과세될 지의 여부는 불분명하다. 이에 대한 사실을 적발해 과세하는 시스템이 아직 미흡하기 때문이다.

➔ 사업의 규모가 큰 경우에는 순자산가액과 영업권을 파악한 후, 증여세 등에 대해 검토하는 것이 정석이다.

## 07 이 기업은 향후 법인으로 전환할 예정이다. 이 경우, 가업 영위 기간은 어떻게 산정하는가?

개인사업자로 영위한 기간과 법인전환 후의 기간을 합산해 가업 영위 기간을 산정한다. 단, 법인전환 시 사업의 실질적 연속성이 인정되어야 한다. 예를 들어, 동일 업종 유지, 주요 사업자산 및 인력 이전, 경영권 및 영업권 이전 등이 필요하다.

➔ 법인에 대한 가업상속공제 요건은 지분 요건과 대표이사 재직 요건 등이 추가되므로 이 부분에 대해서는 별도로 검토해야 한다.

### Tip 개인사업자의 가업 승계 전략

첫째, 개인기업은 상황에 따라 상속이나 증여 또는 사업자 명의변경을 선택한다.
개인기업의 경우, 사업 규모가 크면 상속을 선택해 가업상속공제를 받는 것이 유리할 것으로 보인다. 하지만 사업 규모가 그리 크지 않다면 상속 대신 사업자명의 교체 등의 방법을 통해 사업을 승계하는 것이 좋을 것으로 보인다.

둘째, 규모가 있는 경우 가업 승계에 따른 조세 혜택을 확인한다.
개인기업의 경우 상속 시에는 최대 600억 원을 한도로 가업상속공제를 적용하므로 이에 대한 요건 충족 여부를 확인하도록 한다. 참고로 개인기업을 미리 증여받으면 별다른 혜택이 없다.

# 법인의 실전 가업 승계 전략 1 : 기존 법인의 경우

법인기업을 상속이나 증여를 할 때는 개인기업과는 달리 주식 평가의 과정이 개입되고, 주식의 사전 증여에 따른 과세특례도 적용된다. 이러한 이유로 법인기업에 대한 승계방안을 수립할 때는 시간이 다소 소요되기도 한다. 다음에서 법인기업의 가업 승계에 대해 알아보자.

## 1. 법인기업의 가업 승계 절차

**첫째, 상증세법에 따른 주식 평가를 해야 한다.**

법인기업은 상증세법에서 정하고 있는 방법에 따라 주식 평가를 해야 한다.

- 상장주식 : 평가 기준일 전후 2개월(총 4개월)간 종가평균
- 비상장주식 : 순손익 가치와 순자산 가치로 가중평균

**둘째, 가업 승계에 따른 조세 혜택을 확인한다.**

법인기업의 경우는 아래와 같은 2가지 혜택이 있다.

- 주식의 사전 증여 시 : 증여세 과세특례(증여공제는 10억 원, 세율은 10~20%로 하는 제도)
- 가업상속 시 : 가업상속공제(최대 600억 원까지 상속공제를 적용하는 제도)

참고로 사전에 증여받은 주식은 향후 증여자가 사망한 경우, 그의 상속재산가액에 합산되어 상속세로 정산된다.

**셋째, 법인은 주식 가치에 따라 상속이나 증여를 선택한다.**

향후 주식 가격이 하락할 것으로 예상한다면 증여보다는 상속을 선택하는 것이 좋을 것으로 보인다. 물론 주식 가치가 상승할 가능성이 크다면, 사전 증여를 선택하는 것이 유리할 수 있다.

→ 실무에서 보면 주식 가치의 향방을 알기가 힘든 경우가 많고, 사전 증여수행에 따른 수수료 부담 등도 있어, 사전 증여보다는 사후 상속을 선택하는 경향이 높다.

## 2. 적용 사례

사례를 통해 위의 내용을 확인해보자. K법인의 사업 현황은 다음과 같다.

〈자료〉
- 업종 : 제조업
- 자산(시가) : 200억 원
- 부채(시가) : 100억 원
- 총 10만 주 발행(1주당 10만 원)
- 대주주 A씨의 지분 보유율 : 50%

### 01 이 기업의 주식 가치는 어떻게 산정하는가?

최근 3년간의 손익과 평가 기준일 현재의 순자산가액(시가로 평가)으로 주식 가치를 평가한다.

➲ 사례는 가정에 따라 주식 가치는 100억 원이며, 이 중 A씨의 주식 가치는 50억 원(50%)이다.

### 02 이 기업의 대표이사는 10년 이상 재직을 했고, 지분율 50%를 10년 이상 보유하고 있다. 대표이사가 사망한 경우, 가업상속공제를 받으려면 어떤 조건을 더 충족해야 하는가?

질문상 대표이사 재직 요건과 지분 보유 요건은 충족하고 있다. 한편 자료를 보면 업종은 제조업이므로 업종 요건도 충족하고 있다. 이외 피상속인의 가업 영위 기간이 10년 이상이 되어야 하고, 상속인이 상속개시일 전 2년 이상 가업에 종사해야 하는 등의 요건을 갖춰야 한다.

### 03 만일 피상속인의 가업 영위 기간이 25년이면 가업상속공제 한도액은 얼마나 되는가?

가업 영위 기간이 25년이므로 400억 원을 한도로 가업상속재산가액의 100%가 적용된다.

**04** **A씨의 가업상속재산가액은 얼마인가?**

A씨가 보유한 주식 가액 50억 원이 이에 해당한다.

**05** **만일 앞의 자산에 비사업용 토지 8억 원과 과다보유현금 2억 원 등 총 10억 원이 포함되어 있다고 하자. 이 경우, A씨의 가업상속재산가액은 얼마인가?**

업무무관자산은 가업상속재산가액에서 제외되므로 다음의 식을 이용해 계산한다.

- 주식 등 가액×(1-법인의 총자산 중 사업무관자산이 차지하는 비율)
  = 50억 원×(1-10억 원/100억 원) = 45억 원

➔ 따라서 가업상속공제액은 50억 원이 아니라 45억 원이 된다. 참고로 법인의 경우 사업무관자산가액을 줄여야 공제액이 커진다. 특히 현금의 경우 5년간 평균 보유액의 2배를 초과하면 이에 해당하므로 사전에 이에 대한 검토를 해서 공제액을 늘리는 의사결정을 하면 좋을 것으로 보인다. 289~290페이지를 참조하기 바란다.

**06** **상속공제를 받기 위해서 상속인이 상속개시일 전에 2년 이상 가업에 종사해야 한다. 그런데 이때 상속인의 배우자가 가업에 종사해도 공제받는 데 문제가 없는가?**

그렇다. 상속인의 배우자가 가업에 종사하면 상속인이 그 요건을 갖춘 것으로 봐준다.

**07** 가업상속인 외의 자가 일부 상속을 받아도 전체 금액에 대해 상속공제를 받을 수 있는가?

아니다. 가업상속인이 받은 금액에 대해서만 상속공제가 적용된다.

**08** 이 법인의 대표이사는 15년 전에 가업상속인인 자녀에게 주식의 20%를 10억 원에 증여했다. 이때 증여한 주식 가액은 상속재산가액에서 제외되는가?

가업 승계의 목적으로 생전에 주식을 자녀에게 증여한 경우에는 10년이 지나면 상속재산가액에 합산되지 않는다. 다만, 조특법 제30조의6에 따라 증여세 특례를 받으면 증여 시기와 관계없이 상속재산가액에 포함된다.

### Tip 가업 승계, 사전 증여와 사후 상속지원 제도 비교

| 구분 | 증여세 과세특례 | 가업상속공제 |
|---|---|---|
| 근거 | 조특법 제30조의6 | 상증세법 제18조의2 |
| 지원 기업 | 법인 | 개인과 법인(중소기업, 중견기업) |
| 지원 내용 | 주식 증여 시 저렴한 증여세 과세 :<br>(증여가액-10억 원)×10~20% | 600억 원 한도로 상속세 면세 |
| 지원 요건 | • 부모가 10년 이상 가업 영위<br>• 자녀는 신고기한까지 가업에 종사 및 3년 이내 대표이사로 취임 | • 피상속인 40%(20%) 이상 지분 보유, 일정 기간 대표이사 재직<br>• 상속개시일 2년 내 대표자로 취임 등 |
| 사후관리 | 5년 이내 지분이 줄어드는 경우 등은 증여세 추징 | 5년간 정규직 근로자 수 90% 이상 등 요건 위반 시 상속세 추징 |
| 기타 | 사전 주식 증여금액은 향후 상속재산가액에 합산됨. | |

# 법인의 실전 가업 승계 전략 2 : 신설 법인의 경우

고소득 사업자 집안이나 자산가 집안에서는 과도한 상속세 걱정으로 인해 이를 방어하는 관점에서 창업 전부터 가업 승계를 계획하는 경우가 많다. 다음에서 법인을 신설하는 경우를 예로 들어 이를 확인해보자.

## 1. 법인 설립과 가업 승계 절차

첫째, 가업 승계 업종을 확인한다.
둘째, 가업 영위 기간을 확인한다.
셋째, 지분 구조를 확인한다.
넷째, 대표이사 재직 요건을 확인한다.
다섯째, 상속인의 가업 종사 요건을 확인한다.
여섯째, 설립 후 세무회계상 주의할 점을 확인한다.

## 2. 적용 사례

사례를 통해 이러한 내용을 확인해보자.

> 〈자료〉
> - 회사 형태 : 유한회사
> - 공동대표 : 시아버지(현재 75세)+며느리(40세)
> - 지분 : 시아버지 90%, 며느리 10%
> - 사업 : 2026년 8월 고양시에서 음식점 시작 예정
> - 목표 : 시아버지 사망 시 가업상속공제 적용

**01** 유한회사에 대해서도 가업상속공제를 받을 수 있는가?

당연하다. 유한회사는 상속공제 적용 대상 법인에 해당한다.

**02** 가업상속공제를 받기 위해서는 10년이 필요한데, 그 이전에 상속이 발생하면 공제를 받을 수 없는가?

그렇다. 가업상속공제는 상속개시일 기준으로 10년 이상 가업을 영위한 경우에 적용된다. 따라서 사업 시작 후 10년 이전에 시아버지가 사망하면, 공제 요건을 충족하지 못하므로 공제가 불가하다.

**03** 가업을 10년 이상 영위한 경우에 며느리가 아닌 자녀가 상속을 받아도 가업상속공제를 받을 수 있는가?

상속인의 배우자가 가업 승계 요건(상속 전 2년 이상 종사, 상속 후 5년 이상 사후관리 등)을 충족하면 자녀가 공제받을 수 있다. 즉, 상속 대상자가 반드시 며느리일 필요는 없다.

### 04 시아버지와 며느리가 이사로 등기되어 있지만, 사업자등록상의 대표는 며느리로 표시된 경우, 피상속인의 대표이사 재직 요건을 충족하지 못하는 것인가?

가업상속공제 요건 중 피상속인 종사 요건은 실질적인 업무 참여 여부를 기준으로 판단한다. 사업자등록상 대표가 며느리로 표시되어 있더라도, 시아버지가 실질적으로 경영과 의사결정에 참여하면 요건 충족이 가능하다. 다만, 세무 조사 시 형식과 실질 불일치가 지적될 수 있으므로 주의가 필요하다.

### 05 Q4가 문제가 될 가능성이 있다면 어떻게 해야 하는가?

안전하게 공제를 받기 위해서는 다음과 같은 조치를 해야 한다.

- 등기부등본상 단독대표*로 명확히 표시
- 사업자등록상 대표를 시아버지로 변경
  * 단, 공동대표도 가업 승계를 받을 수 있다.

➔ 며느리를 단순 이사로 두고 시아버지가 대표이사로 재직하는 것으로 하면, 피상속인 대표 재직 요건과 실질 경영 참여가 명확히 증명된다.

※ 사례에서의 실무 체크포인트

| 체크포인트 | 요건/설명 |
|---|---|
| 상속인 근무 요건 | 상속개시일 기준 2년 이상 가업 종사 → 대표이사도 가능 |
| 상속지분 요건 | 상속인이 일부 지분만 상속받아도 공제 가능 |
| 가업 유지 요건 | 10년 이상 사업, 중소기업 기준 유지, 사업용 자산 유지 |
| 지분 최대화 | 공제를 최대화하려면 상속인이 가업 지분 대부분 상속 |

> **Tip** 본점과 지점이 있는 경우의 가업 승계
>
> 상법상 본점·지점은 모두 하나의 동일한 법인(개인사업자 포함)에 속해 있다. 따라서 지점에서 음식점업을 실제로 영위하고 있다면, 법인 전체의 업종은 음식점업으로 보는 것이 타당하다. 다시 말해, 지점에서 사업자등록이 나가면 '본점도 음식점업을 하는 것'으로 인정된다. 참고로 본점에 있는 '현금보유액' 중 운영상 필요하지 않은 과다 현금(2배 초과)은 사업무관자산으로 보아 가업상속공제 대상에서 제외될 수 있으므로 주의해야 한다.

# 법인의 실전 가업 승계 전략 3 : 법인으로 전환한 경우

개인기업을 운영 중에 법인으로 전환한 경우가 있다. 이때 기업의 형태가 개인에서 법인으로 변경되므로, 가업상속공제를 어떤 요건에 맞춰서 받을 것인지가 다소 복잡할 수 있다. 참고로 가업상속공제는 피상속인이 10년 영위한 기업을 요건을 갖춰 상속을 받으면 300~600억 원 한도로 공제를 적용하는 것을 말한다. 이하에서 이와 관련된 세무리스크 예방법 등에 대해 알아보자.

## 1. 개인기업을 법인으로 전환한 후의 가업 승계 요건

### 1) 가업 영위 기간 산정 방법

10년 이상 계속해서 경영한 가업 판단 시 개인사업자로서 영위하던 가업을 동일 업종의 법인으로 전환해, 피상속인이 법인 설립일 이후 계속해서 그 법인의 최대주주 등에 해당하는 경우에는, 개인사업자로서 가업을 영위한 기간을 포함해서 계산한다(상증칙18의2-15…1 ④). 참고로 이 과정에서 사업용 자산을 일부 제외해도 해당 공제를 적용한다(기재부

재산세과-725, 2019.10.28). 한편 상속개시일 현재 피상속인이 가업을 경영하지 않아도 문제가 없다(기재부 조세법령운용과-571, 2022.05.30).

### 2) 피상속인의 지분보유 산정 방법

법인전환 후 피상속인이 보유한 주식·지분을 기준으로 판단하는 것이 원칙이다. 즉, 피상속인(특수관계인의 주식 포함)이 10년 이상 계속해서 발행 주식 총수의 40% 이상(상장법인은 20%)을 보유해야 한다. 이때 의결권 없는 주식은 제외한다.

➔ 지분 보유의 연속성을 위해 법인전환 후에 피상속인 명의의 주식을 40% 이상 반드시 확보해야 한다.

### 3) 피상속인의 대표이사 재직 요건

상속개시일 직전 10년 중 5년 이상 대표이사로 재직해야 하는 등의 요건을 갖춰야 한다. 법인전환 시 개인사업자의 '대표자' 기간도 포함한다(서면상속증여-611, 2015.6.11). 참고로 대표자 재직 요건은 다음 중 하나를 충족하면 된다.

① 피상속인이 가업 영위 기간 50% 이상 재직
② 피상속인이 10년(통산함) 이상 재직(단, 상속인이 피상속인의 대표이사직 승계일~상속개시일까지 계속 재직한 경우에 한함)
③ 피상속인이 상속개시일로부터 소급해 10년 중 5년 이상의 기간

➔ 2인 이상인 공동대표이사 체제도 가업상속공제가 가능하다(상속증여세과-206, 2014.6.19). 다만, 명확한 업무 처리를 위해 법인등기에 대표이사로 등록하고 사업자등록도 이에 맞추는 것이 좋을 것으로 보인다. 이때 대표이사는 가업의 경영과 의사결정에 있어서 중요한 역할 등을 담당해도 된다.

### 4) 상속인의 가업 종사 요건

상속세 신고기한까지 상속인이 해당 법인의 임원(대표이사 등)로 취임해야 하며, 상속세 과세가액 신고기한부터 2년 이내에 대표이사로 등재되어야 한다(재산-166, 2010.3.18). 한편 상속공제 후에는 5년간 계속 가업을 영위해야 하는 등의 요건을 충족해야 한다.

## 2. 적용 사례

사례를 통해 위의 내용을 확인해보자.

〈자료〉
- 개인기업 창업 : 1980년 1월 1일
- 법인으로 전환 : 1999년 1월 1일
- 법인전환 시 주주 : A 100%
- 법인 주주 변경 : 2021년 7월 1일 A 67%, B 33%(B는 사원임)
- 법인 주주 변경 : 2023년 1월 1일 A 34%, B 33%, C 33%(C는 제3자임)
- 법인 주주 변경 : 2023년 7월 1일 A 50%, C 50%
- 2026년 10월 A 사망

### 01 가업 영위 기간은 몇 년인가?

가업 영위 기간은 개인사업 기간과 법인사업 기간을 합산한다. 따라서 가업 영위 기간은 다음과 같다.

- 1980.01.01~2026.10까지 → 46년 10개월

### 02 피상속인의 지분 요건 충족 여부는?

가업상속공제 지분 요건은 상속개시일 전 계속해서 10년 이상 40%(상장법인은 20%) 이상 보유해야 한다. 사례의 경우, A는 1999년 1월 1일 이후 10년 이상 40%(특수관계인인 B의 지분 포함) 이상의 지분을 계속 보유하고 있으므로 이 조건을 충족한다.

→ 만일 법인전환 후의 기간이 짧다면 개인기업 영위 기간을 합산하면 될 것으로 보인다.

### 03 10년 이상 40% 지분 보유 요건은 상속개시일을 기준으로 하는가, 아니면 전체 보유 기간을 기준으로 하는가?

상속개시일 기준으로 소급해 10년 이상 계속해서 40% 이상 지분을 보유해야 할 것으로 보인다. 사례에서 A는 1999년 이후 지속해서 40% 이상 지분을 보유하고 있다. 따라서 지분 요건을 충족한 것으로 보인다.

### 04 개인기업에서 법인으로 전환한 지 10년이 안 된 법인은 40% 지분 요건을 충족할 수 없다. 이 경우에는 지분 요건을 갖추지 못해 가업상속공제를 받을 수 없는 것인가?

아니다. 법인전환 후 단순히 10년이 안 되어도, '개인사업 기간+법인 기간 합산'해 10년 이상 지분 40% 이상 보유라면 요건을 충족한 것에 해당하기 때문이다. 이 경우, 전제 가업 영위 기간이 10년 이상이 되므로, 법인 주식을 10년 이상 보유하지 않아도 공제를 받을 수 있다(기재부 조세법령운용과-10, 2022.01.05).

**05** 40% 이상 보유는 특수관계인의 주식을 합계한 것을 말한다. 사례에서의 특수관계인은 누구를 말하는가?

사례에서 A는 대표이사, B는 회사의 사원으로 특수관계에 해당한다.

**06** 피상속인의 대표이사 재직 요건 충족 여부는?

가업 영위 기간 중 10년 이상, 그리고 상속개시일 직전까지 계속 대표이사로 재직해야 하는 것이 원칙이다. 자료에 '대표이사 변경' 내역은 없으므로, 1999년 법인전환 시부터 2026년 사망 시까지 A가 대표이사라고 가정하면 이 요건을 충족한다.

**07** Q6에서 피상속인이 중간에 대표이사를 내려놓았던 시기가 있더라도 대표이사 재직 요건을 충족하는 것인가?

그렇다. 피상속인의 재직 요건은 앞에서 본 3가지 중 하나를 충족하면 되기 때문이다.

**08** 사례의 경우, 가업상속공제가 가능할까?

- 가업 영위 기간 10년 이상 → 46년으로 충족
- 상속개시일 전 계속해서 40% 이상 지분 보유 → 충족
- 대표이사 재직 요건(Q6) → 충족

따라서 자료대로라면 가업상속공제가 가능할 것으로 보인다.

> **Tip** 법인전환 후 가업상속공제 요건 정리

1. 가업 영위 기간

    개인사업자 기간과 법인전환 후의 기간을 합산해서 계산

2. 지분 요건
    - 상속개시일을 기준으로 소급 10년 이상 계속 40%(상장 20%) 이상 보유
    - 개인사업 시절과 법인전환 후의 지분 합산 가능

3. 대표이사 재직 요건
    - 상속개시일 직전 10년 중 5년 이상 등 대표이사 재직
    - 단, 개인사업자 시절의 '대표자' 기간도 포함 가능

4. 상속인의 가업 종사 요건
    - 상속세 신고기한까지 대표이사로 취임 및 2년 내 등기부에 등재
    - 상속 후 5년간 계속 가업 영위

### ※ 가업상속공제 5년 사후관리 위반 사유 요약

1. 가업용 자산 40% 이상 처분 : 상속 후 가업용 자산을 40% 이상 처분한 경우, 사후관리 요건 위반으로 공제 배제
2. 상속인의 가업 종사 중단 : 상속인이 가업에 종사하지 않게 된 경우 공제 배제
3. 상속인의 지분 감소 : 상속받은 주식 등의 지분이 감소한 경우 공제 배제. 단, 상속받은 주식을 물납으로 제공한 경우는 예외(단, 이 경우에도 상속인은 계속해서 최대주주(최대출자자) 지위를 유지해야 함)
4. 고용 및 급여 유지 요건 위반 : 정규직 근로자 수 평균이 직전 2개 과세기간 평균의 90% 미달하거나, 총급여액 평균이 직전 2개 과세 기간 평균의 90% 미달 시 공제 배제

**절세 탐구** | 가업 승계 시 업종 요건 및 피상속인의
주식 보유 요건과 세무상 쟁점

가업 승계 시 업종 요건과 피상속인의 주식 보유 요건에 대한 세무상 쟁점을 좀 더 깊이 있게 검토해보자.

## 1. 업종 요건과 세무상 쟁점

가업상속공제 업종 요건은 가업상속공제가 적용되는 업종을 10년 이상 영위해야 한다. 이때 업종과 관련해 쟁점이 발생하는데, 질문을 통해 이를 확인해보자.

### 01 업종을 변경하면 가업상속공제를 받을 수 없는가?

업종 변경 시 동일 업종으로 보지 않아 공제가 안 된다. 다만, 다음 통계청의 표준산업분류 대분류 내에서 업종을 변경하면 이는 같은 업종을 영위하는 것으로 본다.

| 대분류 |
|---|
| A 농업, 임업 및 어업 |
| B 광업 |
| C 제조업 |
| D 전기, 가스, 증기 및 공기조절 공급업 |
| E 수도, 하수 및 폐기물 처리, 원료 재생업 |
| F 건설업 |
| G 도매 및 소매업 |
| H 운수 및 창고업 |
| I 숙박 및 음식점업 |

| 대분류 |
|---|
| J 정보통신업 |
| K 금융 및 보험업 |
| L 부동산업 |
| M 전문, 과학 및 기술서비스업 |
| N 사업시설 관리, 사업 지원 및 임대 서비스업 |
| O 공공행정, 국방 및 사회보장 행정 |
| P 교육서비스 |
| Q 보건업 및 사회복지 서비스업 |
| R 예술, 스포츠 및 여가 관련 서비스업 |
| S 협회 및 단체, 수리 및 기타 개인 서비스업 |
| T 가구 내 고용 활동, 자가소비 생산 활동 |
| U 국제 및 외국기관 |

➡ 예를 들어, 대분류인 음식점업 중 한식점업을 제과점업으로 변경하는 것을 허용한다. 참고로 상증세법상 가업상속공제는 위의 모든 업종에 적용되는 것이 아니라, 상증세법 시행령에서 열거한 업종(그 범위는 반드시 통계청의 표준산업분류표에서 확인)만 적용됨에 유의해야 한다.

**02** 가업상속공제가 적용되는 업종과 적용되지 않는 업종을 동시에 영위하면 어떤 업종에 대해 이를 적용하는가?

주업종에 적용하며, 이때 주업종은 매출액으로 산정한다. 예를 들어, 음식점업의 매출액이 100억 원이고 임대업이 20억 원이라면, 주업종은 음식점업이므로 가업상속공제 적용 업종이 된다.

➡ 이때 임대업용 자산은 사업무관자산에 해당하는가?

그렇다. 임대업용 자산은 주업종의 매출을 달성하는 데 관련이 없는 자산에 해당하기 때문이다. 따라서 이에 대해서는 가업상속공제를 받을 수 없다.

**03** 업종을 추가하는 경우, 가업상속공제에 영향을 미치는가?

주업종이 변하지 않으면 문제없다.

**04** 2개의 업종 중 부업종을 삭제해도 공제에 영향은 없는가?

그렇다.

※ 업종 요건 관련 쟁점 요약

| 상황 | 주된 업종 동일성 | 공제 가능 여부 | 판단 포인트 |
| --- | --- | --- | --- |
| 업종 변경 | 표준산업분류상 대분류 내 변경 가능 | 가능 | 통계분류포탈에서 확인 |
| 업종 추가 | 기존 주된 업종이 그대로 유지되고, 매출 비중 50% 이상 계속 차지 | 가능 | 신규 업종이 매출 구조를 바꾸지 않으면 문제없음. |
| 부수업종 삭제 | 주된 업종에는 변화 없음. | 가능 | 오히려 요건 유지에 안전 |
| 주된 업종 변경 | 매출 비중 1위 업종이 바뀜. | 불가 | 10년 이상 동일 업종 경영 요건 위반 |
| 업종코드 변경(법 개정·통계상 조정) | 실질 영업 내용 동일 | 가능 | 국세청이 실질 판단, 코드만 변동이면 문제없음. |
| 주된 업종 비중 변동 | 기존 1위 업종이 2위로 밀려남. | 불가 | 주된 업종 동일성 위반 |

## 2. 피상속인의 주식 요건과 세무상 쟁점

피상속인의 주식(지분) 요건은 상증세법 시행령 제15조 제3호 가목에 다음과 같이 규정되어 있다. 이에 대한 쟁점을 질문을 통해 해결해보자.

> 중소기업 또는 중견기업의 최대주주 등인 경우로서 피상속인과 그의 특수관계인의 주식 등을 합해 해당 기업의 발행 주식 총수 등의 100분의 40(상장법인이면 100분의 20) 이상을 10년 이상 계속해서 보유할 것

### 01 개인사업자도 이 규정을 적용받는가?

아니다. 주식(지분) 요건은 법인기업만 적용된다.

➡ 개인사업자의 경우에는 '대표자*로 10년 이상 계속 사업 경영' 요건만 적용된다.
  * 공동사업자도 포함하는지는 유권해석을 통해 확인하기 바란다(저자는 가능하다고 판단한다).

### 02 법인으로 전환한 기간이 10년 미만이면 어떻게 되는가?

개인기업에서의 경영 기간과 법인전환 이후 주식 보유 기간을 합산할 수 있다(예규 : 사전-2018-상속증여-0396). 예를 들어, 개인사업을 7년 한 후 법인전환 후 5년간 경영한 경우라면 총 12년이 된다.

- 개인기업 7년 + 법인전환 후 5년 = 총 12년 → 요건 충족

### 03 규정에서 특수관계인은 누구를 말하는가?(간략 답변)

배우자, 4촌 이내 혈족, 3촌 이내 인척, 본인이 지배하는 법인 및 그 법인의 최대주주와 그 특수관계인 등을 말한다. 이에는 사용인도 포함

한다.

**04** 40% 이상 10년 이상 보유는 어느 시점을 기준으로 하는가?

상속개시일 기준으로 판단한다. 즉, 상속개시일 현재 40%(20%) 이상 지분을 10년 이상 보유하고 있어야 한다.

**05** 10년 이상 40% 이상 주식 보유는 전체 기간 통산인가, 연속성이 필요한가?

연속성이 필요하다. 따라서 보유 지분율이 40%(20%) 미만으로 떨어져 10년 미만이 되면 이 요건을 불충족한 것으로 봐야 한다.

➡ 주식 보유 요건은 중간에 요건이 끊기지 않고, 10년 이상 지속해서 충족해야 한다.

**06** 자녀에게 지분을 증여해 피상속인의 지분이 40% 미만이 되었다면?

문제없다. 자녀는 피상속인의 특수관계인에 해당하므로, 피상속인 지분+자녀 지분 합산해 40% 이상이면 요건을 충족한다.

**07** Q6와 달리 사원 또는 제삼자에게 양도해 피상속인의 지분이 40% 미만이 되었다면?

회사사원은 특수관계인의 범위에 포함되므로 문제가 없으나, 제3자는 특수관계인에 포함되지 않으므로 문제가 있다.

※ 지분율 변동에 따른 주식 보유 요건 충족 여부

| 상황 | 점검 사항 | 요건 충족 여부 |
|---|---|---|
| 피상속인 단독 보유 40% 이상 | 기본 요건 충족 | 가능 |
| 자녀에게 일부 증여 후 피상속인 지분 <40% | 자녀는 특수관계인 → 합산 가능 | 가능 |
| 배우자에게 일부 증여 후 피상속인 지분 <40% | 배우자도 특수관계인 → 합산 가능 | 가능 |
| 형제·자매 등 특수관계인에게 일부 증여 | 특수관계인 범위 포함 → 합산 가능 | 가능 |
| 회사 임직원 또는 제삼자에게 양도 → 피상속인 지분 <40% | 제3자는 특수관계인 아님 → 합산 불가 | 불가 (임직원은 가능) |
| 일시적으로 지분율이 40% 미만으로 하락 | 연속성 요건 위배 → 다시 40% 이상 되어도 이전 기간 불인정 | 불가 |
| 개인기업에서 법인전환 후 지분 보유 | 개인기업 경영 기간+법인 지분 보유 기간 합산 가능 | 가능(동일성 입증 필요) |

※ 일시적으로 지분율이 하락한 경우의 지분 보유 판단 사례

1. 상황

- 2000~2022년 : 40% 이상 보유(22년간 충족)
- 2022~2023년 : 30% 보유X(요건 미충족 기간)
- 2025년 상속개시일 : 40% 이상(최근 1년 이상 충족)

2. 판단

상증령에서 요구하는 '10년 이상 계속 보유' 요건은 연속성(끊김 없이 10년)을 의미한다. 2022~2023년 사이 지분율이 30%로 떨어졌다면, 2000년부터 이어온 연속 10년이 끊긴 것으로 판단할 가능성이 크다. 따라서 10년 이상 연속 보유 요건을 새로 계산해야 하며, 상속개시일 기준으로 10년 연속 보유가 충족되지 않으면 가업상속공제 적용이 어려워진다.

➔ 다만, 특수관계인 지분과 합산해 40% 이상 유지했으면 연속성 인정이 가능하

다. 즉, 피상속인 단독 30%라도 배우자·자녀 지분 합계가 40% 이상이면 문제없다.

> **Tip** 가업상속공제를 적용받는 중소·중견기업의 해당 업종

1. 한국표준산업분류에 따른 업종

| 표준산업분류상 구분 | 가업 해당 업종 |
|---|---|
| 가. 농업, 임업 및 어업(01~03) | 작물재배업(011) 중 종자 및 묘목생산업(01123)을 영위하는 기업으로서 가업용 자산가액의 비율이 100분의 50 미만인 경우 |
| 나. 광업(05~08) | 광업 전체 |
| 다. 제조업(10~33) | 제조업 전체. 이 경우 자기가 제품을 직접 제조하지 않고 제조업체에 의뢰해 제조하는 사업으로서 그 사업이 다음의 요건을 모두 충족하는 경우를 포함한다.<br>1) 생산할 제품을 직접 기획(고안.디자인 및 견본 제작 등을 말한다)할 것<br>2) 해당 제품을 자기명의로 제조할 것<br>3) 해당 제품을 인수해 자기 책임하에 직접 판매할 것 |
| 라. 하수 및 폐기물 처리, 원료 재생, 환경정화 및 복원업(37~39) | 하수·폐기물 처리(재활용을 포함한다), 원료 재생, 환경정화 및 복원업 전체 |
| 마. 건설업(41~42) | 건설업 전체 |
| 바. 도매 및 소매업(45~47) | 도매 및 소매업 전체 |
| 사. 운수업(49~52) | 여객운송업[육상운송 및 파이프라인 운송업(49), 수상 운송업(50), 항공 운송업(51) 중 여객을 운송하는 경우] |
| 아. 숙박 및 음식점업(55~56) | 음식점 및 주점업(56) 중 음식점업(561) |
| 자. 정보통신업(58~63) | 출판업(58) |
| | 영상·오디오 기록물 제작 및 배급업(59). 다만, 비디오물 감상실 운영업(59142)은 제외한다. |
| | 방송업(60) |
| | 우편 및 통신업(61) 중 전기통신업(612) |
| | 컴퓨터 프로그래밍, 시스템 통합 및 관리업(62) |
| | 정보서비스업(63) |

| 표준산업분류상 구분 | 가업 해당 업종 |
|---|---|
| 차. 전문, 과학 및 기술 서비스업(70~73) | 연구개발업(70) |
| | 전문서비스업(71) 중 광고업(713), 시장조사 및 여론조사업(714) |
| | 건축기술, 엔지니어링 및 기타 과학기술 서비스업(72) 중 기타 과학기술 서비스업(729) |
| | 기타 전문, 과학 및 기술 서비스업(73) 중 전문디자인업(732) |
| 카. 사업시설관리 및 사업지원 서비스업 (74~75) | 사업시설 관리 및 조경 서비스업(74) 중 건물 및 산업설비 청소업(7421), 소독, 구충 및 방제 서비스업(7422) (2023.02.28 개정) |
| | 사업지원 서비스업(75) 중 고용알선 및 인력 공급업(751, 농업노동자 공급업을 포함한다), 경비 및 경호 서비스업(7531), 보안시스템 서비스업(7532), 콜센터 및 텔레마케팅 서비스업(75991), 전시, 컨벤션 및 행사 대행업(75992), 포장 및 충전업(75994) |
| 타. 임대업 : 부동산 제외 (76) | 무형재산권 임대업(764, 「지식재산 기본법」 제3조 제1호에 따른 지식재산을 임대하는 경우로 한정한다) |
| 파. 교육서비스업(85) | 교육 서비스업(85) 중 유아 교육기관(8511), 사회교육시설(8564), 직원훈련기관(8565), 기타 기술 및 직업훈련학원(85669)(2022.02.15 개정) |
| 하. 사회복지 서비스업 (87) | 사회복지서비스업 전체 |
| 거. 예술, 스포츠 및 여가 관련 서비스업(90~91) | 창작, 예술 및 여가 관련 서비스업(90) 중 창작 및 예술 관련 서비스업(901), 도서관, 사적지 및 유사 여가 관련 서비스업(902). 다만, 독서실 운영업(90212)은 제외한다. |
| 너. 협회 및 단체, 수리 및 기타 개인 서비스업 (94~96) | 기타 개인 서비스업(96) 중 개인 간병인 및 유사 서비스업(96993) |

2. 개별 법률의 규정에 따른 업종

직업기술 분야 학원, 엔지니어링사업, 물류산업, 수탁생산산업, 자동차정비공장, 선박관리업, 의료기관 운영 사업, 관광사업(카지노업, 관광유흥음식점업 및 외국인 전용 유흥음식점업은 제외), 노인복지시설을 운영하는 사업, 재가장기요양기관을 운영하는 사업, 전시사업, 에너지절약 전문기업이 하는 사업, 직업능력개발훈련시설을 운영하는 사업, 일반도시가스사업, '민간임대주택에 관한 특별법'에 따른 주택임대관리업, 신재생에너지 발전사업, 백년소상공인으로 지정된 소상공인이 운영하는 사업 등

**신방수 세무사의
고소득자를 위한 절세·법인·승계 전략**

제1판 1쇄 2025년 11월 19일

지은이 신방수
펴낸이 한성주
펴낸곳 ㈜두드림미디어
책임편집 최윤경
디자인 노경녀 (nkn3383@naver.com)

㈜두드림미디어
등  록 2015년 3월 25일(제2022-000009호)
주  소 서울시 강서구 공항대로 219, 620호, 621호
전  화 02)333-3577
팩  스 02)6455-3477
이메일 dodreamedia@naver.com(원고 투고 및 출판 관련 문의)
카  페 https://cafe.naver.com/dodreamedia

ISBN 979-11-24026-05-2 (03320)

책 내용에 관한 궁금증은 표지 앞날개에 있는 저자의 이메일이나
저자의 각종 SNS 연락처로 문의해주시길 바랍니다.

책값은 뒤표지에 있습니다.
파본은 구입하신 서점에서 교환해드립니다.